Maria von Welser, geboren 1946 in München, ist seit 1988 Redaktionsleiterin und Moderatorin von »ML – Mona Lisa«, dem von ihr neu entwickelten Frauen-Journal des ZDF. Von 1979 bis 1987 war sie für den Bayerischen Rundfunk als Redakteurin verschiedener Magazine und Sendungen im Hörfunk- und Fernsehbereich tätig. Für ihre Arbeit erhielt sie u. a. 1992 den Preis der deutschen Aids-Stiftung.

Dieses Buch wurde auf chlor- und säurefreiem Papier gedruckt.

Umschlaggestaltung: Adolf Bachmann, Reischach
Umschlagfoto: Studio Elmar Kohn, Landshut
Satz: Compusatz GmbH, München
Druck und Bindung: Ebner Ulm
Printed in Germany
ISBN 3-426-80030-6

2 4 5 3 1

Maria von Welser

Am Ende wünschst du dir nur noch den Tod

Die Massenvergewaltigungen im Krieg auf dem Balkan

Knaur

Inhalt

Einleitung

Moslemische Frauen wurden in Bosnien-Herzegowina zu Zigtausenden vergewaltigt, gefoltert, mißbraucht. Von serbischen Soldaten, die das Kriegsziel »Ethnische Säuberung« verfolgten. Aber als die ersten Berichte im Sommer 1992 in der Presse zu lesen waren, mochte es keiner wirklich glauben, hat in keinem Land der Welt ein Verantwortlicher reagiert. Erst als in der ZDF-Sendung ML Mona Lisa die ersten mutigen Frauen und Kinder vor der Kamera von ihren Qualen berichteten, erst dann begann die Welle der Empörung und der Reaktionen. Warum es so lange Zeit dauerte, bis die Welt bereit war, das Unfaßbare zu fassen, das will dieses Buch aufzeigen. Eine Dokumentation der Ereignisse zwischen dem Sommer 1992 und dem Frühjahr 1993. Leider auch eine Dokumentation der Verdrängungsmechanismen.

1

Sie reden nicht – und wenn, dann stockend und unter Tränen

Ein erster Besuch in einem Flüchtlingslager vor den Toren Zagrebs

»Was Du tust, das tue mit Bedacht und gedenke des Endes…« Nicht immer jedoch vermag man des Endes gedenken, wenn man am Anfang steht. Als ich in einer dunklen Novemberwoche in einem ersten Telefongespräch mit meiner Kollegin Sibylle Bassler beschlossen hatte, innerhalb von vier Tagen eine komplett neue Sendung auf die Beine zu stellen mit den Aussagen der vergewaltigten Frauen aus Bosnien-Herzegowina, ahnte ich nicht, welche Lawine wir lostreten würden. Fassungslosigkeit, Empörung und eine immense Hilfsbereitschaft: Unter dieser Überschrift läßt sich die erste Reaktion zusammenfassen. Ich träumte nachts immer wieder von den Frauen, die unser polnischer Kameramann Marek Jozwiak so sensibel eingefangen hatte und die Sibylle mit Hilfe von Aida Daidjić so einfühlsam zum Reden gebracht hatte. Ohne die engagierte bosnische Muslimin Aida hätten wir nie Zugang zu den schwer traumatisierten Frauen gefunden.

So habe ich mich sechs Wochen nach der Sendung und den ersten Wogen in der Öffentlichkeit selbst nach Zagreb aufgemacht, wieder mit Aida, dieser trotz enormer Körperfülle höchst beweglichen bosnischen Architektin. Dicke hohe Winterstiefel habe ich an, als wir vor den Toren der Millionenstadt

Zagreb in das Flüchtlingslager Resnik gehen. Auf den ungeteerten, tief verschlammten Wegen spielen Hunderte von Kindern. Frauen holen Wasser aus einer Baracke oder Brot aus der provisorischen Küche. Manche gehen nur einfach in bunte Tücher gehüllt in der noch kalten Wintersonne spazieren, links und rechts ein kleines Kind an der Hand. Mir fällt auf, daß Männer und Frauen deutlich getrennt stehen. Die wenigen jüngeren Männer tragen allesamt grünbeige Tarnanzüge, die Uniform der bosnischen Armee. Ansonsten überwiegen die Frauen hier – von den 5000 Lagerinsassen machen sie mit den Kindern 90 Prozent aus.
In einem provisorischen Büro, in dem ich vor lauter Zigarettenrauch erst kaum jemanden erkenne, versuchen zwei Frauen und ein Mann das Lager zu organisieren. Immer wieder kommen neue Flüchtlinge dazu, einige per Bus über die kroatische Grenze, andere mit dem Zug. Ihnen wird stereotyp geantwortet, daß das Lager voll sei, übervoll. Dennoch hoffen alle im Lager auf ein bekanntes Gesicht aus dem eigenen Dorf, eine Nachricht über den Mann, den Sohn, den Vater.
Wie voll das ehemalige Barackendorf der Bauarbeiter einer alten Chemiefabrik tatsächlich ist, sehe ich später, als uns zwei jüngere Frauen zu sich hereinbitten. In einem dunklen Zimmer vermischt sich der modrige Geruch durchnäßter Wäsche mit dem aufsteigenden Rauch eines Bullerofens, der den hier lebenden 13 Menschen aus fünf Familien Wärme spendet. Eine Frau, deren Alter ich nicht schätzen kann, packt eine Decke und Socken weg und bittet mich neben sich auf das Bett. Die Schuhe hatten Aida und ich schon vor der Türe ausgezogen. Ich spüre die Kälte vom Boden durch meine dünnen Socken.
Sechs Betten sind in diesem Raum aufgestellt, Kante an Kante, jeder Zentimeter ist ausgenützt. Wie alle dreizehn hier schlafen, will ich verwundert wissen. Ganz einfach, übersetzt

mir Aida, es teilen sich immer zwei Menschen ein Bett. Das ginge ganz gut. Und die dreizehnte Person? Das sei der kleine Junge, der gerade draußen im Schlamm spielt. Der schlafe vor dem Bett seiner Mutter und Schwester auf dem Boden. Im Schneidersitz sitzen die anderen Bewohnerinnen dieses Raumes alle auf ihren Betten. Ganz hinten in der Ecke bewegt sich etwas unter der dicken grauen Militärdecke. Ich frage, wer da denn schlafe? Meine Tochter, antwortet eine Frau in meinem Alter. »Die schläft den ganzen Tag, dann kann sie natürlich in der Nacht nicht schlafen. Aber ich kann auch nichts machen, sie braucht das anscheinend. Sie will auch mit niemandem reden, und das geht ja am besten, wenn man sich den ganzen Tag unter der Decke versteckt.«
Ich wende mich dieser freundlichen Frau zu, will ihre Geschichte hören. Das Wort Vergewaltigung fällt nicht. Mich bedrücken die Gesichter all der Frauen in diesem Raum: mehr tot als lebendig, Gesichtsmuskeln versuchen, freundlich zu lächeln, aber die Augen schauen durch mich hindurch ins Leere. Die älteren Frauen scheinen unter ihren bunten Tüchern auf Kopf und Schultern Schutz zu finden, sie wippen mit dem Oberkörper vor und zurück, mit fest verschlungenen Händen, an denen oft vor lauter Druck die Knöchel ganz weiß hervortreten.
An Kleidung und Lebensmitteln, Kohlen für den kleinen Ofen und Bettzeug scheint es nicht zu mangeln. In einer Lagerecke habe ich große Berge von Altkleidern gesehen. Die internationalen Hilfsorganisationen versorgen die Flüchtlinge mit Essen und Brennstoffen. In Resnik, erfahre ich, lassen sich zu den rund fünftausend Lagerbewohnern noch fünfzehntausend andere verpflegen, einkleiden und auch ärztlich betreuen.
Nach etwa einer Stunde in der kleinen Barackenbude taucht der Kopf des Mädchens im Bett auf. Vorher hatte sie sich von einer Seite auf die andere geworfen. Ihre Bettnachbarin, eine

Bosnierin um die siebzig Jahre, deckte sie mehrfach liebevoll zu. Aber jetzt sehe ich ihr Gesicht. Wieder blicken große, dunkle Augen durch mich, durch uns alle hindurch. Die Mutter wirft ihr einen langen Rock zu. Unter der Decke schlüpft sie hinein, schält sich langsam aus ihren Decken, sucht wie in Trance Strümpfe, ein Tuch und geht ohne jemanden anzusprechen hinaus. Ich bemerke, wie die Mutter seufzt, sich die Haare aus dem Gesicht streicht und einen Knopf an der Bluse schließt – so als hätte sie gerade erst entdeckt, daß er offen war. »Wir kommen alle aus Kosarac«, erzählt sie mir dann stockend. Sie sei zweiundvierzig Jahre alt – ich hatte sie älter eingeschätzt. »Am 24. Mai haben die Serben Kosarac angegriffen, sie haben unser Dorf eingekreist, es dann eingenommen und als erstes alle Männer aus den Häusern geholt. Unsere Männer zwischen fünfzehn und fünfundfünfzig Jahren.« Die Tränen schießen ihr beim Erzählen in die Augen, sie läßt sie einfach laufen, wischt sie nicht weg. Ihren Mann hätten sie auch gleich mitgenommen, seitdem hat sie nichts mehr von ihm gehört, auch nichts von ihrem Vater. »Meinen achtjährigen Sohn haben sie an den Haaren gepackt und zu mir geschleppt. Der Soldat hat ihm ein Messer an den Hals gehalten. Was er mir wert wäre, wollten sie wissen, was ich bereit sei zu zahlen für seinen Kopf«. Später zeigt sie mir dann die immer noch deutlich sichtbaren Schnitte am Hals ihres Sohnes. Sie habe jedenfalls alles zusammengesucht, was sie an Wertgegenständen besaß, und es den Soldaten gegeben. Das sei nicht genug, meinten die dann. Aus dem Hals des Buben quoll schon aus zwei Schnitten Blut. Sie sei dann noch einmal ins Haus gerannt, habe noch einen Kerzenleuchter genommen, dann erst hätten sie ihr das Kind wiedergegeben – ohnmächtig und blutend.

Das alles, sagt die Frau mit ihrem leeren Blick, sei aber erst der Anfang gewesen. Ihr gegenüber sitzt eine ältere Frau auf dem Bett. »Wir durften nur das, was wir anhatten, mitnehmen. Sogar die Schuhe haben sie uns abgenommen. Wir haben uns alle aneinandergedrängt, als sie uns auf einen Lastwagen zwangen. Vier Stunden ging die Fahrt, nach Trnopolje.« Ich weiß, daß das ein gefürchtetes Vergewaltigungslager war und vielleicht immer noch ist. Aber als ich frage, was dort passierte, schauen die Frauen alle weg.

Ich will und kann nicht weiter fragen. Seit unserer Sendung weiß ich ja, was den Frauen dort angetan wurde. So fällt mir nur Belangloses ein: Was sie denn hier seit fünf Monaten so den ganzen Tag machen, ob ihnen nicht Wolle und Stricknadeln, etwas zu lesen oder vielleicht Spiele die Zeit schneller vergehen lassen würden? Nein, etwas zum Stricken wollen sie wirklich nicht, auch nichts zum Lesen, dazu hätten sie gar keine Ruhe, und nach Spielen, auch mit den Kindern, sei ihnen ganz gewiß nicht. »Wir wollen nur alle so schnell wie möglich wieder nach Hause. Warum sorgt ihr in Deutschland nicht dafür, daß der Krieg aufhört? Oder daß zumindest unsere Männer auch Waffen bekommen, so wie die Serben. Das Embargo ist doch lächerlich, das hält doch keiner ein, schon gar nicht euere Rüstungsindustrie!« Die Frauen empören sich kurz, aber nach wenigen Minuten kehrt die alte Lethargie und Hoffnungslosigkeit wieder ein. »Bitte, tun Sie etwas, als Journalistin in Deutschland. Wir brauchen keine Kleider – beenden Sie den Krieg!«

Niedergeschlagen ziehe ich mir meine dreckigen Stiefel vor der Barackentüre an, hänge mich bei Aida ein. Bisher habe ich ganz gut »funktioniert«, jetzt laufen auch mir Tränen herunter, Tränen der Ohnmacht und Wut. Mir wird wieder einmal klar, daß auch in diesem Krieg vor allem die Frauen leiden, vor allem Frauen diesen Frauen zu helfen versuchen, während sich die Männer unversöhnlich die Köpfe einschlagen.

Immer wieder erzählen Frauen in den Lagern, daß auch die

alten serbischen Nachbarn und Freunde gegen sie Krieg geführt haben, sie geschändet, vergewaltigt, gequält und gefoltert haben. Im Frühjahr 1993 steht fest, daß es mindestens zwanzigtausend und wahrscheinlich sogar fünfzigtausend bosnische Musliminnen gewesen sind, die in diesem serbischen Eroberungskrieg in Lagern planmäßig vergewaltigt worden waren. Die Frauengruppen *Trešnjevka* und *Kareta* haben als erste die Weltöffentlichkeit auf dieses Geschehen aufmerksam gemacht, mutige Journalisten und Journalistinnen haben darüber berichtet. Dafür bekam der Amerikaner Roy Gutman den Pulitzerpreis 1993. Daß es trotzdem noch Monate gedauert hat, bis die Menschen in Europa und den Vereinigten Staaten wirklich reagiert haben – auch davon erzählt dieses Buch. Denn nicht verschwiegen werden soll das perfide Geschehen namens »Ethnische Säuberung«, dem schlimmsten Wort des Jahres 1992. So hat sich militärisch gesehen der brutale Eroberungszug der Serben gelohnt: Zwei Drittel von Bosnien-Herzegowina sind, genau ein Jahr nach den ersten Schüssen auf Sarajevo, serbisch besetzt. Das ist ein Drittel von Kroatien. Die UNO-Truppen sprechen von zweihundertfünfzigtausend Toten und von über 1,5 Millionen Vertriebenen und Flüchtlingen. Wenn auch die serbischen Militärs keinerlei Verluste angeben, so mußten durch diesen Krieg auch rund sechshunderttausend serbische Zivilisten fliehen.
Daß in diesem Krieg Frauen so grausam wie noch nie zuvor von brutalen Männern zu Opfern gemacht werden, hat aber auch einen religiösen Hintergrund. Die moslemische Gesellschaft ist total patriarchalisch. Man achtet auf die Ehre der Frau, und die Männer sind eifersüchtig. »Wenn der Mann nur den Hauch eines Verdachtes hat, daß die Frau möglicherweise freiwillig mitgemacht hat, geht die Ehe kaputt«, bestätigt der bosnische Arzt Jusuf. Um so infamer ist somit die Vorgehensweise der marodierenden serbischen Soldaten. Bei den ersten

Vergewaltigungswellen in den Dörfern und Städten vergewaltigten sie alle Frauen – von zehnjährigen Mädchen bis zu siebzig-, achtzigjährigen Großmüttern, stets im Beisein ihrer Familienangehörigen. Die Botschaft sollte so immer zusätzlich noch die Väter und Ehemänner der Mädchen und Frauen erreichen: Deine Frauen gehören jetzt auch uns, wir machen mit ihnen, was wir wollen.

Daß Tausende von Frauen Tag für Tag von unzähligen Serben so lange vergewaltigt wurden, bis sie schwanger waren, gehört ebenfalls zur Kriegsstrategie. So wird der Völkergenozid noch ergänzt durch unschuldige Kinder, die weder Bosnier noch Serben sind, sondern Mischlinge beider Völker und eines Tages zu den »Exekutoren ihrer Väter« heranwachsen sollen. So jedenfalls die Männer von der Bosnischen Muslimischen Partei. Wenn dann im Frühjahr 1993 plötzlich Meldungen auftauchen, daß immer mehr bosnische Frauen, die von Serben vergewaltigt und geschwängert worden sind, von ihren männlichen Angehörigen aus Gründen der »Familienehre« getötet werden, dann erscheint das in diesem grausamen Krieg gar nicht einmal mehr so abwegig. Und wie mit den Massenvergewaltigungen verhält sich die Welt auch bei dieser Nachricht: Sie will es nicht glauben. Noch ist es auch nicht mit Zeugen und Aussagen der Täter zu beweisen.

Der ganze Wahnsinn gipfelt in der Einrichtung von sogenannten Hotels als reinen Vergewaltigungslagern. 42 kennen die Helferinnen in Zagreb 1993 beim Namen. Sie lesen sich wie schönste Urlaubsadressen: Hotel Galeb (Möwe) in Brčko, Motel Vilina Vlas (Feenhaar) in Višegrad oder Hotel Elvis. In fast jedem kleineren Dorf entsteht während des Krieges ein »Freudenhaus« für das grauenvolle Tun der Truppen. Die größten Lager liegen, so notiert es Nina Kadić von *Trešnjevka,* entlang der Drina und in der Bosnischen Krajina. Trnopolje-Prijedor ist eines der größten Frauenlager. Im Lager Sekovice

in der Nähe von Tuzla sind von den achthundert Frauen achtzig Prozent Mädchen unter fünfzehn Jahren. Die meisten können bis heute nicht darüber sprechen, was ihnen dort angetan wurde. Einige wenige Zeugenaussagen habe ich in diesem Buch zusammengetragen.
Unbestritten erfüllen Vergewaltigungen von Frauen den Tatbestand des Kriegsverbrechens. Sie sind als solches zum Beispiel auf Grund der Menschenrechtskonvention der Vereinten Nationen international geächtet. So heißt es dort in Artikel 5: »Niemand darf der Folter oder grausamer oder erniedrigender Behandlung unterworfen werden.« Nur ist diese Vereinbarung bisher ohne Konsequenz geblieben. Niemand hat in dieser Welt jemals Aggressoren oder Täter wegen Vergewaltigung angezeigt und vor Gericht gezerrt. Die Nürnberger Prozesse in Deutschland 1946, veranlaßt und durchgeführt von den vier Siegernationen, sind in der Geschichte einmalig, aber auch hier war der Tatbestand Vergewaltigung nie Teil der Anklage. Erst die Historiker werden eines Tages das ganze Drama auf dem Balkan beurteilen können. Damit aber später niemand mehr sagen kann, er habe nichts gewußt von den Massenvergewaltigungen in Bosnien-Herzegowina 1992, habe ich diese Dokumentation verfaßt.
Während diese Zeilen geschrieben werden, kommen auf dem Balkan Hunderte von ungewollten Kindern zur Welt. Tschetnik-Babys werden sie genannt, denn sie sind von serbischen Freischärlern durch Vergewaltigung gezeugt worden. Ihre Mütter sind die geplagten bosnischen Musliminnen. »Es sind sicher Hunderte«, schätzt Zvonimir Šeparović, früherer kroatischer Außenminister und heute Direktor des Zagreber »Dokumentationszentrums für Genozid und Kriegsopfer«. Doch genaue Zahlen sind so schwer zu ermitteln wie der Verbleib der Kinder. Denn die Frauen schweigen – aus Scham vor der Familie, vor den Nachbarn. Die Geburtenraten in den Zagre-

ber Kliniken jedenfalls sind in den ersten Monaten des Jahres 1993 um über dreißig Prozent angestiegen, ebenso die Abtreibungen. Aber viele Frauen schaffen nicht die Flucht aus dem Kriegsgebiet, müssen ausharren und eine Geburt abwarten, die sie neben all der Schmerzen auch noch ständig an die Gesichter der Vergewaltiger erinnert. In den Wäldern rund um Sarajevo, so glaubwürdige Zeugen, campierten in den Wintermonaten bis zu dreihundert Schwangere, die in der eisigen Kälte zwischen Reisig und Gras die verhaßten Kinder zur Welt bringen und dann aussetzen wollten. Angeblich sitzen auch im Frühjahr 1993 noch Tausende schwangerer Frauen in den Flüchtlingslagern von Zenica und Tuzla. Die große Geburtenwelle ist für Mai angesagt.

In der Zwischenzeit stapeln sich Tausende von Briefen von adoptionswilligen Eltern aus aller Welt bei der kroatischen Regierung, bei der *Caritas*, der *Deutschen Humanitären Hilfe*, in der Redaktion des Frauenjournals *ML Mona Lisa*. Aber in puncto Adoption bewegt sich wenig. Kroatien möchte gerne von Bosnien das Fürsorgerecht für die verlassenen Kinder übertragen bekommen und diese dann unter Aufsicht, etwa der UNESCO, legal vermitteln. Aber auch dubiose Kinderhändler standen schon auf der Matte, als ich wieder einmal zu Dreharbeiten in Zagreb war. Sie haben Listen über Listen von adoptionswilligen Eltern und sind auch bereit, viel Geld für die Kinder zu zahlen. Psychologen und Familienrechtler raten, diese Waisenkinder zur Adoption ins Ausland freizugeben. Nur außerhalb des eigenen Kulturkreises von Bosnien und Kroatien sei es möglich, ihnen eine stabile Entwicklung zu ermöglichen, die sie vor einer schmerzhaften Konfrontation mit ihrer Herkunft schützt. Aber ich höre auch hinter vorgehaltener Hand: Wenn Bosnien und Kroatien nach diesen hohen Kriegsverlusten jetzt auch noch ihre Babys weggeben – wer rächt dann eines Tages die vertriebenen Eltern?

Daran denken die vergewaltigten schwangeren Frauen aber anscheinend am wenigsten. In das Hospital in Zenica, nordwestlich von Sarajevo, kommen in den Frühjahrswochen 1993 täglich Dutzende von Flüchtlingsfrauen mit dicken Bäuchen. Sie wollen abtreiben, egal wie. Und wenn schon nicht abtreiben, so das Kind gleich nach der Geburt ja nicht ansehen, nicht auf den Arm nehmen, einfach weglegen. Vergessen. Achtzig Prozent der Frauen geben ihre Babys weg. An die *Caritas* oder an *Merhamet*, das bosnische Rote Kreuz. Im Krankenhaus, dem einzigen für siebzigtausend Flüchtlinge in der Gegend, fehlt es an allem: an weheneinleitenden Mitteln (die auch eine Abtreibung ermöglichen), an Impfstoffen und Vitaminen für die Babys. Die Krankenschwestern registrieren eine enorm hohe Säuglingssterblichkeit. Die Kinder kommen unterernährt zur Welt, die Mütter produzieren zuwenig Milch, und es gibt kein Milchpulver.
Als sich Papst Johannes Paul II. in einem Schreiben an den Erzbischof von Sarajevo auch über die Kriegsgreuel in Bosnien-Herzegowina äußert, schütteln alle Frauen in den Zagreber Frauengruppen fassungslos den Kopf – egal ob rechts oder links. Der Papst rät den vergewaltigten Frauen, aus dem Akt der Gewalt »einen Akt der Liebe« zu machen und den »Feind in ihnen zu akzeptieren«. Eine deutliche Absage an die Abtreibung der durch Vergewaltigung gezeugten Babys. Dieser päpstliche Ratschlag kann sich für die bosnischen Musliminnen insofern fatal auswirken, als das Zufluchtsland Kroatien ein streng katholisches Land ist. Der Islam erlaubt zwar auch keine Abtreibung nach dem vierzigsten Tag der Schwangerschaft, aber die islamischen Theologen zeigen sich großzügig angesichts der Not der vergewaltigten Frauen. Zwar will die unter dem Einfluß der Kirche stehende kroatische Regierung im Frühjahr 1993 noch nicht an der gesetzlichen Drei-Monats-Regelung für legale Abtreibungen rütteln. Aber im katholi-

schen Ärztebund haben sich schon einige kroatische Mediziner organisiert und machen Stimmung gegen die Abtreibung der Kinder bosnischer Frauen. So hilft es wenig, wenn der Großmufti von Ägypten den vergewaltigten Bosnierinnen eine Abtreibung empfiehlt und fragt, welches Recht denn der Papst habe, Verordnungen für muslimische Frauen zu erlassen.
Neu ist in bezug auf die Vergewaltigungen an den bosnischen Frauen ganz sicherlich, daß erstmals nicht geschwiegen wird und daß sich Frauen in der ganzen Welt für die geschändeten Frauen einsetzen. Die bisherige Logik des Schweigens über Vergewaltigungen greift also nicht. Männliche Historiker werden sich diesmal schwertun, bei ihren Texten über den Balkan die Vergewaltigungen wie bisher in Fußnoten abzutun. Sie müssen die betroffenen Frauen zitieren, die dieses Mal, ermutigt von anderen Frauen, geredet und unter Zeugen die Täter und ihre abscheulichen Taten benannt haben. Es ist klargeworden, daß Vergewaltigungen keine bedauerliche, aber »natürliche« Begleiterscheinung von Kriegen sind, quasi »Ausrutscher« verrückter Horden. Diesmal war es Kriegsstrategie, Ziel war eine »ethnische Säuberung«, die Ausrottung eines Volkes, indem seine Frauen vergewaltigt und geschwängert wurden. Das Internationale Rote Kreuz und andere humanitäre Organisationen werden nach diesem Krieg nie mehr sagen dürfen, sie hätten es zwar gewußt, müßten sich aber neutral und deshalb unwissend verhalten. Die UNO wird in Zukunft stets Informationen über solche Greueltaten weitergeben müssen. Und vielleicht werden die Kriegsverbrechen gegen Frauen sogar von einem internationalen Gerichtshof geahndet.
Daß diesmal über die Vergewaltigungen geredet wird, hat vielleicht sogar Auswirkungen auf alle derartigen Fälle, hilft allen traumatisierten Frauen und Männern. Denn Gewalt ist nun einmal kein natürliches Kriegsphänomen, und Frauen

sollten schon gar nicht Opfer der Gewalt werden. Trotz allem, was es hier zu dokumentieren und aufzuzeichnen gilt, gibt es also auch ein wenig Hoffnung, vor allem für die bosnischen Frauen.
Hier beginnt nun die Chronologie: Vom langen Weg, bis die Taten bekannt, bewußt und vielleicht gar geahndet werden. Eine Chronologie der menschlichen Verdrängungsmechanismen.

2

»Das kann doch nicht wahr sein!«

Die ersten Berichte über Vergewaltigungslager in der internationalen Presse

Sommer 1992. Er ist heiß in Europa, und der Sommer wird wegen seiner vielen schönen Tage auch Jahrhundertsommer genannt. Auf dem Balkan tobt der Krieg. Die Berichte in den Nachrichtensendungen der Fernsehsender ziehen mit ihren grausamen Bildern an uns vorüber. Aber vielen Menschen gehen sie schon längst nicht mehr unter die Haut. Wir sind es ja längst gewohnt: Vietnam, Iran, Afrika, Irak. Und jetzt eben der Balkan. Die EG-Länder scheinen nicht handlungsfähig. Historische Freundschaften – der Franzosen und Engländer mit den Serben, der Deutschen und Österreicher mit den Kroaten – stehen zusätzlich im Weg. Rußland verkauft dankbar seine durch das Ende des Kalten Krieges nutzlos gewordenen Waffen an die alten serbischen Kampfbrüder. Vor diesem Hintergrund der Freund- und Feindschaften entstehen auch die undurchsichtigen Bilder eines sogenannten »Bürgerkrieges«, so als gingen die Kroaten, Serben, Albaner und Mazedonier, die Slowenen und Kosovoer einfach nur aufeinander los. Bewußt wollen Regierungen diesen Anschein aufrechterhalten. In den Vereinigten Staaten tritt deshalb im Außenministerium aus Gewissensgründen George Kenney zurück: »Der Trick bestand in diesem Fall darin, alle Fakten – ob sie nun Greueltaten, erste Gerüchte über Konzentrationslager oder über Hunger betrafen – zu ignorieren, denn sie hätten es erschwert, das politische Ziel der Nichteinmischung aufrechtzuerhalten.« Nachzulesen ist dies in *The Washington Monthly* vom November 1992. Genauso verhält sich auch der UN-Sicherheitsrat. Da werden Resolutionen verabschiedet, Embargos verhängt, Kommissionen gebildet, aber sonst passiert nichts. In diese Situation hinein platzen die ersten Berichte von engagierten Journalisten und Journalistinnen über die geplanten Massenvergewaltigungen an moslemischen Frauen. Roy Gutman, der mutige amerikanische Europakorrespondent von *Sunday Newsday* will, »daß es die ganze Welt erfährt«. In der deutschen *taz* berichten Birgit Ziegenhagen und Roland Hofwiler. *Emma* folgt mit einem Bericht von Ursula Ott im September. Alexandra Stiglmayers Reportage mit Interviews erscheint in der *Münchner Abendzeitung* Anfang November. Es schien so unfaßlich, daß erst einmal wieder gar nichts geschah. Hier die ersten Artikel:

Sunday News vom 28. August 1992

Der Schrecken der Vergewaltigung in Bosnien

Von Roy Gutman, Europakorrespondent

Split, Kroatien – Die mit Dschungelkampfanzügen bekleideten Wächter suchten mit ihren Taschenlampen den dunklen, überfüllten Raum ab. Sie suchten nach Mädchen für diese Nacht. Einer von ihnen sah die achtzehnjährige S. T. »Aufstehen!« befahl er mit dem Gewehr in der Hand. Ihre Mutter begann zu weinen. Aber der Wächter wußte, was da zu tun war. »... Deine Mutter!« sagte er und zog sein Messer. S. T.s Mutter fiel in Ohnmacht, und der Teenager wurde mit vorgehaltenem Gewehr zusammen mit drei anderen Mädchen zu einem grünen Lkw geführt, wo man sie dreimal vergewaltigte. Ihre Aussage machte

sie nur unter der Bedingung, daß man sie nicht namentlich erwähnen würde.
Die dreifache Vergewaltigung des moslemischen Teenagers vom Juni ist nur eine von Tausenden, vielleicht von Zehntausenden von tätlichen Übergriffen, die nach Befürchtungen der Behörden in Bosnien-Herzegowina in den serbischen Gefangenenlagern Nordbosniens an moslemischen und kroatischen Frauen verübt wurden.
Die Informationen sind in einem solchen Ausmaß durchgesickert, daß manche Analytiker annehmen, es stecke ein System hinter den Vergewaltigungen. Sevko Omerbašić, Vorsitzender der moslemischen Gemeinde von Kroatien und Slowenien, der jede Woche in direktem Kontakt mit Hunderten von Flüchtlingen steht, ist ebenfalls zu diesem Schluß gekommen. »Es gibt immer mehr Beweise dafür, daß sämtliche junge Frauen vergewaltigt worden sind«, teilte er kürzlich Newsday *in einem Interview mit.*
Es gibt eine erstaunliche Anzahl von Berichten über Gruppenvergewaltigungen von Mädchen, die gerade die Pubertät hinter sich haben. Und im Gegensatz zu S. T., die Ende Juni aus dem Lager Trnopolje entlassen wurde, gibt es noch Tausende, vielleicht sogar Zehntausende von Vergewaltigungsopfern in den Gefängnissen, die man in Schulen, Fabriken und Dörfern eingerichtet hat.
Am Freitag veröffentlichte die bosnische Regierung eine Schätzung, wonach zweihunderttausend Menschen, meist Frauen, Kinder und ältere Leute, festgehalten werden. Nach Meinung der Beamten gibt es mindestens ein, wenn nicht sogar mehrere Lager, die ausschließlich Frauen und Kindern vorbehalten sind. Aber, so sagten sie, man könne unmöglich abschätzen, wie viele von ihnen vergewaltigt worden sind.
Radovan Karadžić, serbisch-bosnischer Regierungschef, stritt ab, daß es in Bosnien Gefangenenlager für Zivilisten gibt, und fügte hinzu, daß nirgendwo Frauen oder Kinder festgehalten würden. Als man ihn auf die Berichte über die systematischen Vergewalti-

gungen ansprach, gab er Newsday *zur Antwort: »Allein in Sarajevo gibt es sechs Orte, wo sie [die Moslems] serbische Frauen vergewaltigen. Wir Serben wissen, was vor sich geht.«*

Für ihre Familie war S. T.s Leidensweg nur ein weiteres schmerzhaftes Trauma bei der Tragödie, die sie erlebt, seit die Serben mit der »ethnischen Säuberungsaktion« in Nordbosnien begonnen haben.

Die Familie ist buchstäblich auseinandergerissen worden, und man weiß nicht, ob sie wieder zusammengeführt werden kann. S. T.s Vater, ein Maler, wurde von den Serben ins Lager Omarska gebracht, wo Zeugenberichten zufolge zahlreiche Gefangene getötet worden sind. Niemand weiß, wo sich S. T.s einundzwanzigjähriger Bruder aufhält oder ob er noch am Leben ist.

Die Eroberungsarmee hat ihr Haus in Kozarusa besetzt und mit großer Wahrscheinlichkeit geplündert. Über das Schicksal der vierzehn in Nordwestbosnien zurückgebliebenen Verwandten kann man bestenfalls sagen, daß es ungewiß ist. Und S. T. muß von nun an ständig mit dem Trauma jener Juninacht im Lager Trnopolje leben.

Trotz allem, was sie bisher mitgemacht haben, oder vielleicht gerade deswegen, erklärten sich Mutter und Tochter auf Vorschlag eines Arztes hin am Donnerstag zu einem Gespräch mit einem Reporter von Newsday *bereit. Ihre einzige Bedingung war, daß man von ihren Namen nur die Anfangsbuchstaben erwähnen solle.*

Der Abend in der bescheidenen Wohnung von S. T.s Onkel in einem adriatischen Seehafen hätte vielleicht sogar befreiend wirken können, wenn da nicht plötzlich im Fernsehen Videoaufnahmen mit den ersten Bildern von Gefangenen in den Lagern Omarska und Trnopolje gezeigt worden wären.

Als sie die ausgemergelten Gefangenen sah, die kaum imstande waren, ihre Löffel mit der farbigen Brühe zu heben, die man in ihre Näpfe geschüttet hatte, fing M. T., die zweiundvierzigjährige

Mutter, an zu weinen. S. T. saß still dabei und schluchzte gelegentlich auf.

Die Aufnahmen wurden ein zweites Mal gezeigt. Diesmal suchten die beiden Frauen die Gesichter der Gefangenen hinter den Stacheldrahtzäunen nach dem vermißten Vater und dem Bruder ab. Aber weder der eine noch der andere war zu sehen. S. T. sah niedergeschlagen aus. Niemand sprach ein Wort.

Auch die Vergewaltigung war eine ziemlich wortlose Angelegenheit. S. T. beschreibt die drei Männer als glattrasiert. Jeder von ihnen habe eine »Vier S«-Tätowierung auf der Hand gehabt. Hierbei handelt es sich um die Initialen eines Slogans, in dessen Namen das serbische Militär Greueltaten in Bosnien begangen hat: »Solidarität allein kann die Serben retten!«

Die drei Soldaten kletterten mit den vier Mädchen hinten auf einen Militärlastwagen, der mit Fahrer gekommen war. Ein paar Meilen vom Lager entfernt machten sie an einer Tankstelle halt. Da S. T. weinte, ließen die Soldaten sie im Wagen. Die drei anderen, schon etwas älteren Mädchen wurden in ein Haus geführt, das einst einem prominenten Moslem der Stadt gehört hatte und nun den Lagerwächtern als Bordell diente. Im Innern des Hauses waren etwa ein Dutzend Männer versammelt.

Der bei S. T. im Lkw zurückgebliebene Soldat befahl S. T., sich auszuziehen und auf den Boden zu legen. Er selbst behielt seine Kleidung an und zwang sie zum Geschlechtsverkehr. Als der erste Soldat fertig war, holte er seinen Freund. Schließlich kam der dritte an die Reihe.

S. T. erinnert sich daran, den letzten ihrer Vergewaltiger gefragt zu haben: »Was tut ihr da eigentlich?«

»Wir tun dasselbe, was eure Leute auch mit uns tun«, war seine Antwort.

Dann dachte er einen Augenblick nach und sagte schließlich: »Ich bringe dich hier raus.« Er sagte ihr, sie solle sich anziehen. Bevor er mit ihr wegfuhr, rief er seinen Kumpanen zu: »Ich hole noch mehr!« Dann fuhr er sie zu dem überfüllten Schulraum im Lager Trnopolje.

Mit seiner Taschenlampe leuchtete er den Raum ab, und alles begann wieder von vorn. Es war die zweite von insgesamt drei Heimsuchungen in dieser Nacht.

In gewissem Sinn hatte S.T. Glück. Die anderen Mädchen blieben im Bordell. Eine davon erzählte S.T., sie sei in dieser Nacht von zwölf verschiedenen Männern vergewaltigt worden. Gegen halb vier Uhr morgens brachten die Soldaten sie ins Lager zurück.

Ein paar Tage später verließen S.T. und ihre Mutter das Lager in Trnopolje. Wie Vieh wurden sie in geschlossene Transporter verladen und einen Tag lang durch Kriegsgebiet auf von Moslems gehaltenes Territorium gefahren. Nach Fußmärschen, Bus- und Autofahrten und schließlich einer achtstündigen Zugfahrt nach Zagreb kamen sie mittellos, hungrig und schwach am dortigen Hauptbahnhof an.

S.T. wurde auf dem Bahnsteig ohnmächtig und in eine gynäkologische Klinik gebracht. Als sie am 25. Juni in dem Zagreber Vorstadtkrankenhaus erschien, stand sie unter Schock. Vanda Panjkota, eine Ärztin, erinnert sich: »Sie stand da wie zur Salzsäule erstarrt.« Die Ärztin verschrieb ihr ein hormonelles Mittel gegen eine eventuelle Schwangerschaft, ohne ihr Fragen zu stellen. »Wir kommunizierten ohne Worte. Ich glaube nicht, daß sie mehr als zwei, drei Worte sagte«, berichtet die Ärztin.

Auch S.T.s Mutter, die ihre Tochter begleitete, konnte kaum sprechen.

»Sie drückte sich mit Hilfe von Zeichensprache aus«, erinnert sich die Ärztin, »so, als ob sie sagen wollte, ›bitte, helfen Sie uns!‹«

»Wir schauten sie an und wollten mit ihr weinen«, sagt die Ärztin.

TAZ vom 6. Juni 1992

»Eine kaputte Tasse nimmt niemand mehr« – den Opfern von Vergewaltigungen wird dieser »Ehrverlust« oft auch noch als Schuld angerechnet.

Von Birgit Ziegenhagen

»This is my weapon, this is my gun, this is for business, this is for fun« (Das ist meine Waffe, das ist meine Kanone; die eine für den Job, die andere zum Spaß) heißt es in einem amerikanischen Kommißlied. Der Philosoph Friedrich Nietzsche drückte es ähnlich unmißverständlich aus: »Der Mann soll zum Krieger erzogen werden und das Weib zur Erholung des Kriegers: alles andere ist Torheit.« Krieg und Vergewaltigung, Zerstörung und Demütigung der Gegnerinnen hängen für viele Soldaten offensichtlich wie eine Art Naturgesetz zusammen – Männermacht total.

Vergewaltigungen gehörten im Ersten Weltkrieg zu den Terrormitteln der deutschen Truppen in Belgien. Mit Vergewaltigungen rächte sich die Rote Armee bei der Einnahme Berlins. Vergewaltigungen gehören auch in Ex-Jugoslawien längst zum Kriegsalltag. Frauen, Kinder und Großmütter der nichtserbischen Bevölkerung in Bosnien-Herzegowina werden von den vorrückenden Siegern in Uniform zu sexuellen Handlungen gezwungen. Viele der in der Bundesrepublik eingetroffenen Flüchtlinge berichten über die unmenschlichen Grausamkeiten, die an Frauen begangen werden.

Dabei müssen die weiblichen Opfer eine zusätzliche Barriere überwinden: Sie beschreiben nicht nur körperliche Verletzungen, sondern auch die Vernichtung ihrer Würde und sexuellen Integrität – die ihnen von der Gesellschaft nicht selten als »Schuld« angerechnet wird. Schon weil aus Scham eine Vergewaltigung vom Opfer oft verschwiegen wird, ist ein »statistischer« Umgang mit dieser Art von Kriegsverbrechen schwierig, wenn nicht unmöglich.

Folgende Schilderung einer fünfunddreißigjährigen Moslemin aus Ilijas veröffentlichte die kroatische Zeitung Novi Vjesnik: *»Die Serben brachten mir den Haß bei. Seit zwei Monaten gibt es nichts mehr in mir, weder Schmerz noch Bitterkeit, nur Haß. Du fragst, was sie mit mir angestellt haben? Sie haben vor meinen Augen meine Mutter vergewaltigt, meine gute wunderschöne Greisin. Wo immer ich gehe, spüre ich den Duft meiner Mutter, höre ihre leisen Schritte, die rascheln wegen der Pluderhosen. Oh, ich Arme! Als er sich auf sie warf, fiel ich in Ohnmacht. Durch Schläge kam ich wieder zu Bewußtsein. Ihre Hand war schon ohne Leben, aber noch warm. Hitze und Reue brennen noch immer in mir. Gerade an diesem Vormittag hatten wir uns gestritten. Dann wurde ich von meiner toten Mutter weggerissen und an den Haaren hinausgeschleppt. Ich zeigte ihnen, daß ich im achten Monat schwanger war. Sie spuckten mich an, schlugen mich und zwangen mich, Striptease zu machen. Einer von ihnen schlug im Takt auf meinen Bauch. Nein, ich weiß nicht, ob mein Bauch damals platzte – der meinem Sohn das Leben schenkte. Ich gab ihm den Namen Dschihad (Heiliger Krieg der Mohammedaner, d. Red.), damit er das nie vergißt.«*
Ob in Vietnam, Kuwait oder Bosnien-Herzegowina – Krieg entfesselt offenbar geballten Männerhaß, nicht nur gegen die bewaffneten Feinde, sondern, um diese in »ihrem Besitz« empfindlich zu treffen, auch gegen deren Frauen. Mit Erfolg, wie sich immer wieder gezeigt hat. Männer eines besiegten Landes werten die Vergewaltigung »ihrer Frauen« traditionsgemäß als »größte Erniedrigung«, als sexuellen »Todesstoß«. Besonders kraß zeigte sich das im Krieg um Bangladesch. Nachdem westpakistanische Truppen 1971 in das Land, das soeben seine Unabhängigkeit von Pakistan erklärt hatte, einfielen, wurden zwischen zweihunderttausend und vierhunderttausend Frauen vergewaltigt. Achtzig Prozent von ihnen waren Mosleminnen und lebten bis zu diesem Zeitpunkt in strikter Abgeschlossenheit von der Männer-

welt. Fast alle vergewaltigten Bengalifrauen wurden später von ihren Männern, die ihre Ehre beschmutzt sahen, verstoßen. Ähnlich ergeht es, zwei Jahre nach der irakischen Invasion, den kuwaitischen Frauen. Doch dieser »Ehrenkodex«, der auf so brutale Weise die gedemütigten Frauen ein zweites Mal bestraft, gilt offensichtlich auch in unseren Breiten. Als ein deutscher Offizier mit ansehen mußte, wie Frauen 1945 in Berlin vergewaltigt wurden, sagte er: »Wenn das meiner Frau passiert wäre, würde ich sie erschießen.« Dazu die Freudenstädter Ärztin Renate Lutz-Lebsanft: »Die Frau war ein Besitz, und dieser Besitz wurde beschädigt. Eine kaputte Tasse nimmt man nicht mehr.«

Andererseits sprechen Männer immer wieder von der Normalität »dieser Übergriffe gegen Frauen« in Kriegs-, also »Ausnahmezeiten«. Ein bengalischer Politiker erklärte auf die Frage, warum es immer wieder zu Massenvergewaltigungen im Krieg käme: »Worüber unterhalten sich denn die Soldaten in den Kasernen? Über Frauen und Sex. Gibt man ihnen ein Gewehr in die Hand und schickt sie los, die Bevölkerung einzuschüchtern, was fällt ihnen dann zuallererst ein?« Und beschwichtigend fügte er hinzu: »Denken Sie daran, daß unsere Frauen zum Teil sehr schön sind.« Daß Vergewaltigung nichts anderes sei als ein »natürlicher männlicher Reflex«, glauben auch russische Soldaten. Bei Interviews über den Zweiten Weltkrieg erklärten sie, Vergewaltigungen seien schon aus »biologischen Gründen« völlig normal. Männer seien einfach »viel sexueller« als Frauen und würden nach langer Abstinenz »zum Tier«.

Eine andere Rechtfertigung der Täter ist die Vergeltung: Die anderen haben unsere Frauen mißbraucht, deshalb haben auch wir ein Recht dazu. Kriegsbeute und sonst gar nichts sind nach Berichten der Wiener Hilfsorganisation Flying Tiger *auch die Frauen in Ex-Jugoslawien. Einer der Piloten erfuhr von einem Überfall auf das Krankenhaus von Sarajevo. Etwa zwölf Mädchen zwischen dreizehn und achtzehn Jahren seien vor den Augen ihrer Eltern von Tschetniks vergewaltigt worden. Die Nötigung geschah auf einem öffentlichen Platz, in der Nähe des Krankenhauses. Die Mädchen, hätte es später geheißen, sollten geschwängert werden, damit mehr Serben auf die Welt kommen.*

TAZ vom 6. August 1992

SOS für vergewaltigte Frauen

In Zagreb gibt es ein Not-Telefon für die Opfer von Vergewaltigungen. Doch für die Machthaber in Kroatien sind die vergewaltigten Frauen nur als Propagandamaterial gegen die Serben interessant.

Von Roland Hofwiler

Das SOS-Frauentelefon in Zagreb klingelt ununterbrochen, Tag und Nacht. »Ich getrau mich schon gar nicht mehr, den Hörer abzunehmen«, erzählt Mica Desnica, »die meisten Frauen, die anrufen, brechen sofort in Tränen aus. Ihre Geschichten sind einfach schrecklich.« Bereits zwei Jahre lang existiert die Telefonberatung für Frauen. Sie ist das einzige, was die Feministinnen in Kroatien erreichen konnten. Während die Kommunisten keine Genehmigung für geforderte Frauenhäuser gaben, wollen sich die neuen Machthaber grundsätzlich nicht mit Frauenfragen beschäftigen.

»Es sind Tausende, die in diesem Krieg auf unmenschliche Weise vergewaltigt werden, nicht nur in Gefangenenlagern, auch in Kasernen, Polizeistationen und Fabriken«, berichtet die vierunddreißigjährige Frauenrechtlerin. »Seit der Krieg begonnen hat, glauben die Männer, alles sei erlaubt. Wer als Gegner gilt oder angeblich mit ihm kollaboriert, der zählt nichts.«

Schon vor zwei Jahren, nach den ersten blutigen Auseinandersetzungen in den zum Teil serbisch besiedelten Gebieten Kroatiens, hätten serbische Frauen erzählt, sie seien von kroatischen Polizi-

sten vergewaltigt worden. Die hätten, so Desnica, beim SOS-Telefon angerufen und sie um Rat gebeten.

Daß ihr Schicksal niemanden interessiert, erfuhren die Opfer schon bald: Keine ihrer Strafanzeigen wurde je von einem der Gerichte angenommen. Man habe Hunderte von Beschwerden geschrieben, erzählt Mica Desnica – ohne Erfolg. Der Zagreber Frauenkreis hat keine Lobby und keine Rechtsanwälte, die sich der vergewaltigten Frauen annehmen könnten. »Auch Frauenärzte wollen nichts mit uns zu tun haben.«

Eine Medizinstudentin findet sich doch. Es ist Sonja Popović aus Sarajevo. Sie erzählt, schon vor Kriegsausbruch sei sie aus der bosnischen Hauptstadt geflüchtet – nicht etwa, weil sie den Krieg vorhergesehen hatte, sondern weil man sie, eine Serbin, zwingen wollte, sich einer paramilitärischen Einheit anzuschließen. »Als ich es nicht tat, packten mich ein paar Typen, es waren sogar Freunde meines Bruders darunter, und was dann folgte, das war schrecklich. Aber ich habe es überlebt.« Sonja versichert, sie habe die Namen von Frauen gesammelt, die schon damals von Soldaten vergewaltigt und danach erschossen worden seien. Sonja macht keinesfalls den Eindruck, verwirrt zu sein oder die Unwahrheit zu sprechen. Immer wieder bricht sie bei ihrer Erzählung in Tränen aus.

Geht man in die unzähligen Flüchtlingscamps Kroatiens, so findet man Dutzende von Frauen, die über Vergewaltigungen sprechen wollen. Doch es sind stets Geschichten von Freundinnen, deren Namen sie aus Rücksicht nicht nennen. Nie erzählt eine der Frauen offen, sie selbst sei zum Verkehr gezwungen worden.

Jelka ist eine Ausnahme. Sie erzählt ihre Geschichte. Doch die Dreiundzwanzigjährige will dafür nicht ihren vollen Namen nennen: »Nicht meinetwegen, sondern wegen meiner Mutter. Sie würde mich verstoßen.« Jelka kommt aus Višegrad, einer mehrheitlich moslemischen Stadt: »Schon im April sind eines Nachts serbische Freischärler in unseren Ort eingedrungen, es war eine der Blitzaktionen. Sie wollten erkunden, ob die Stadt an der Drina auf die Schnelle zu erobern ist.« Von Haus zu Haus seien die Soldaten gezogen und hätten die Bewohner aufgefordert, zu flüchten.

»Auch zu uns kamen sie, hielten ihre Gewehrläufe auf uns und stießen uns aus dem Haus. Als ich hastig mit einer Hand unter das Bett griff, um unser erspartes Bargeld mitzunehmen, sah das einer der Soldaten. Er hielt mich fest – meine Mutter war schon aus dem Haus getrieben worden – und forderte: Entweder bumst du nun mit mir, oder das Geld ist weg.«

Geschichten wie diese muß man aus den Opfern von Vergewaltigungen herauslocken. Weitererzählt und niedergeschrieben werden sie anscheinend nicht. Bis auf ganz wenige Ausnahmen findet man weder in der serbischen, kroatischen noch der bosnischen Presse das Thema Vergewaltigung aus Sicht der betroffenen Frauen. Nur zu Propagandazwecken werden Gewalttätigkeiten veröffentlicht: »Serben vergewaltigten Jungfrau« etwa, oder: »Serben mißbrauchten Großmutter« – in der kroatischen Presse sind solche Schlagzeilen nicht selten.

Es gibt sogar Männer, die gestehen ihre Tat. Damir, ein siebzehnjähriger Bursche, war über ein Jahr Freiwilliger der kroatischen Nationalgarde in Ostslawonien. Einen Arm verlor er dabei: »So verstümmelt wie ich jetzt bin, finde ich nie mehr eine Frau. Das hab' ich schnell begriffen. Und aus diesem Frust heraus hab' ich, als es auch die anderen taten, zweimal zugegriffen. Einmal in Borovo Selo und einmal unweit von Vukovar. Ich sagte, ›Mädchen, ich kann nicht anders‹. Ich hab' mich nicht einmal geschämt, ich weiß nicht warum.«

TAZ vom 7. September 1992

»Ich kenne sie alle mit Namen« – Viele muslimische Frauen wurden von den serbischen Nachbarn aus ihrem eigenen Dorf vergewaltigt.

Von Roy Gutmann

»Sie nahmen ein Messer und schlitzten mein Kleid auf«, beginnt die achtzehnjährige Almira Ajanović stockend zu erzählen. Fünf Nächte lang ist sie von serbischen Soldaten vergewaltigt worden, in ihrem Heimatdorf Liplje. Von drei Männern jeweils. Zwei preßten sie auf das Bett in dem improvisierten »Bordell«, während der dritte sie vergewaltigte. Und dann wechselten sie die Positionen, bis sie durch waren. Fünf Nächte lang ging das so, mit jeweils anderen Männern. In der sechsten Nacht steigerten sie die Erniedrigung noch. Sie vergewaltigten Almira vor den Augen ihres Vaters. Danach führten die Soldaten ihren Vater in die Toilette des Hauses und hängten ihn dort am Nacken und an den Beinen und Händen auf. Nachbarn retteten ihn 24 Stunden später. »Ich konnte meinem Vater einen Monat lang nicht mehr ins Gesicht sehen«, sagt Almira. »Noch heute kann ich darüber nicht mit ihm reden. Ich schäme mich sehr.«

Liplje, ein überwiegend von Muslimen bewohntes Dorf in der Nähe von Zvornik im Osten Bosniens, hatte weniger als fünfhundert Einwohner. Als Ende Mai serbische Truppen Liplje besetzten, wurde fast jede Frau im Ort vergewaltigt, bestätigt Melika Kreitmayer, die in der gynäkologischen Abteilung des Krankenhauses von Tuzla die Vergewaltigungsopfer unter den Flüchtlingen betreut.

Einige der Vergewaltiger waren aus Serbien, aber die meisten waren serbische Bewohner des Dorfes selbst, berichten die Frauen. Ziba Hasanović, wie Almira achtzehn Jahre alt, wurde in der zweiten Nacht der Besetzung in das »Bordell« gebracht. »Noch in dieser Nacht wurde ich von einem Mann vergewaltigt, der mir meine

Jungfräulichkeit genommen hat. Und dann noch von drei weiteren. Nur an zwei Nächten wurde ich nicht vergewaltigt. Ich kenne alle Männer, die es taten. Mit Namen. Es waren meine Nachbarn.«

Fast alle der Frauen, die in der Klinik von Tuzla betreut werden, haben Familienangehörige verloren, ihren Vater, ihre Brüder, und auch die materielle Basis ihres Lebens. Nur wenige wissen, wo sie hingehen sollen. Und die Vergewaltigungen haben ihr Selbstbewußtsein erschüttert. »Wenn sie hier ankommen, ist ihr Trauma noch nicht vorbei«, sagt Kreitmayer. »Viele sind schwanger geworden. Im Krankenhaus führen wir dann hormoninduzierte Abtreibungen durch.« Zu den physischen und psychischen Wunden kommt die Scham der Opfer hinzu. »Die Frauen kommen aus ländlichen Gebieten, vorehelicher Geschlechtsverkehr ist dort streng verboten«, erklärt Melika Kreitmayer. »Die meisten Frauen glauben, daß sie für den Rest ihres Lebens ruiniert sind. Und das ist auch das Ziel der Vergewaltigungen; die muslimischen Frauen zu erniedrigen und ihre Persönlichkeit zu zerstören.« Sie ist überzeugt, daß »diese Frauen nicht wegen des ›männlichen Instinkts‹ vergewaltigt wurden, sondern weil Vergewaltigungen ein Kriegsziel sind«.

Auch die jungen Frauen aus Liplje denken, daß sie ihr zukünftiges Leben als Mütter und Ehefrauen verloren haben. »Von den anderen Flüchtlingen glaubt keiner, daß wir dazu gezwungen wurden«, sagt die achtzehnjährige Sevlata Ajanović. »Die denken, daß wir wieder mit den Serben gehen werden. Heiraten ist für uns nicht mehr als normale Sache vorstellbar. Der Mann wird immer mißtrauisch sein.«

Eine von Almiras Freundinnen, die siebzehnjährige Nezira Fahrić, hat die Besetzung von Liplje nicht überlebt. »Meine Tochter wurde erwürgt«, berichtet ihre Mutter Hanifa. Für die Gynäkologin hat sie es auf einem Stück Papier aufgeschrieben. »Wir fanden sie auf der Couch, mit ihren Armen an ihrem Hals. Sie haben sie vergewaltigt und erwürgt. Es waren ver-

mutlich unsere Nachbarn. Sie war sehr schön. Sie hatte gerade die Schule fertig.«

Emma, September 1992

Was die Kriegsberichterstatter verschweigen: In Bosnien-Herzegowina werden systematisch Mädchen und Frauen vergewaltigt und gefoltert.

Von Ursula Ott

Der Aufruf kommt an einem Frühlingsmorgen über den serbischen Rundfunk: »An alle Arbeiterinnen der Textilfabrik Prijedor: Sofort in die Fabrik zurückkommen! Wir nehmen die Produktion wieder auf.« Die Arbeiterinnen aus allen drei Schichten machen sich auf den Weg in ihre Fabrik im bosnischen Prijedor, auf halbem Weg zwischen Zagreb und Split. Hinter ihnen schließen sich die Tore. Seither haben diese Frauen die Fabrik nicht mehr verlassen. Sie werden gewaltsam dort festgehalten. Serbische Soldaten machen aus der Textilfabrik ein gigantisches Bordell, sie erniedrigen, benutzen und vergewaltigen die Frauen. Tag für Tag. Nacht für Nacht.

Helfen kann ihnen niemand. Die Männer sind im Krieg oder auf der Flucht. Die alten Frauen und Kinder haben schnell eine Tasche, ein Kissen, eine Puppe gerafft und sich auf den Weg nach Zagreb gemacht, wo sie in notdürftigen Zelten vor der Moschee kampieren.

Hier vor der Moschee hat Moijca sie getroffen. Moijca – so wollen wir sie nennen, ihr wirklicher Name würde sie in Gefahr bringen – reist seit Wochen und Monaten kreuz und quer durch das Land, das vor kurzem noch Jugoslawien hieß, und sammelt Zeugnisse: Zeugnisse von dem, was Frauen in diesem Krieg angetan wird. Die einundvierzigjährige Moijca weiß, daß Gewalt gegen Frauen auch im sogenannten Frieden an der Tagesordnung ist. Sie arbeitet seit fünf Jahren beim »SOS-Notruf für vergewaltigte Frauen« in Zagreb. Aber die Nachrichten und Hilferufe, die sie jetzt erreichen, übersteigen alles, was sie sich bisher vorstellen konnte. Seit Beginn des Jahres fährt die Kroatin zusammen mit einer Freundin durch Kroatien und Bosnien und befragt die Menschen: vergewaltigte Frauen, deren Familien, Ärztinnen. Die Ärztinnen haben zerrissene Körper und Seelen zu behandeln. Und sie wissen nicht, was sie tun sollen mit den Hochschwangeren, die keine Kinder von Vergewaltigern auf die Welt bringen wollen. Allein in einem Krankenhaus in Zagreb sollen 120 Kroatinnen und Bosnierinnen im fünften, sechsten Monat liegen. Zu spät für eine Abtreibung. So manche würde »das Kind am liebsten gleich nach der Geburt umbringen«. Moijca ist verzweifelt. »Seit einem halben Jahr kann ich kaum noch schlafen«, sagt sie, »mein Innerstes tut mir weh. Aber die Welt muß wissen, was hier mit den Frauen passiert.«

Moijca fühlt sich allein. Mit ihren serbischen Freundinnen kann sie über ihren Schmerz nicht reden. Telefonate enden im Streit. Ein Frauentreffen von Feministinnen aus Ex-Jugoslawien, das dieses Frühjahr in Rom stattfand, endete im Fiasko: Die Serbinnen wollten nicht glauben, daß ihre Väter, Brüder und Männer das tun mit den kroatischen Frauen, die doch bis vor kurzem noch Nachbarinnen und Freundinnen waren.

Auch im Ausland will niemand Moijca zuhören – für dieses Schlachtfeld interessieren sich die internationalen Kriegsberichterstatter nicht.

Auch Emma *wollte sich nicht allein auf die Aussagen von Moijca verlassen – zu groß ist der gegenseitige Völkerhaß in Ex-Jugoslawien, zu groß die Gefahr, einer Greuelpropaganda aufzusitzen.* Emma *hat so sorgfältig wie möglich recherchiert: in den deutschen Lagern für die Flüchtlinge, bei Mitarbeitern der Hilfswerke, bei Kolleginnen in Zagreb. Immer bekamen wir zu hören: Es stimmt, was Moijca sagt.*

Auch die Filmemacherin Helke Sander, die bosnische Flüchtlingsfrauen in österreichischen Lagern interviewte, bestätigt: »In diesem Krieg wird massenhaft vergewaltigt.« Einige muslimische Frauen wagten es sogar, ihr vor laufender Kamera von Greueltaten zu erzählen. Helke Sander: »Die Frauen machten nicht den Eindruck, als seien sie in der Laune, Geschichten zu erfinden.«
Die Filmemacherin weiß, daß in jedem Krieg Frauen die ersten Opfer sind: Sie drehte einen Drei-Stunden-Dokumentarfilm über vergewaltigte Frauen im Zweiten Weltkrieg, Befreier und Befreite, *der im Herbst 1992 in die Kinos kommt.*
Nur eine sehr ernst zu nehmende jugoslawische (genauer: kroatische) Kollegin warnte uns. Sie sagte: »Seid vorsichtig. Ich habe auch von diesen Vergewaltigungslagern gehört. Wir haben bis jetzt aber noch keine wirklichen Beweise finden können.«
Eine Vorsicht, die gerade der deutschen Presse gut ansteht. Zu einseitig war ihre Berichterstattung bisher auf seiten der Kroaten – was das gesamte Ausland im Licht der gemeinsamen Vergangenheit von Deutschen und Kroaten besonders bedenklich fand: Während der Hitlerzeit gab es in Kroatien von den Deutschen unterstützte Konzentrationslager. Allein im Lager Jasenovac wurden zweihunderttausend Kroatinnen, Juden und »Zigeuner« gefoltert und getötet. Und es stimmt ja auch, daß Korrespondenten unter den kämpfenden Kroaten deutsche Söldner gesehen haben – Neonazis, die begeistert an diese Front geeilt waren.
Doch das Unrecht der einen macht die anderen nicht zu Gerechten. »Den brutalen Terror, den die Serben ausüben«, erklärt die ZDF-Reporterin Susanne Gelhard in ihrem soeben erschienenen Buch Ab heute ist Krieg, *»verstehen sie als späte Rache für all das, was Kroaten Serben damals angetan haben.« Die Wahrheit scheint so einfach wie grausam zu sein: Vergewaltigt wird auf allen Seiten. Die Serben haben nur zur Zeit die meisten Gelegenheiten dazu. Die Frauen des »Feindes« sind Freiwild. Selbst Männer der UNO-Hilfstruppen machen mit: ein kanadischer*

»Blauhelm« habe im kroatischen Daruvar ein siebzehnjähriges Mädchen vergewaltigt, meldet die Zagreber Tageszeitung Arena.
Da ist zum Beispiel Dana, dreizehn, Muslimin aus Prijedor in Bosnien. Mit ihrer Mutter und ihrer Schwester sitzt sie Tag für Tag vor der Moschee in Zagreb. Als Moijca sie anspricht, antwortet die Mutter. Ihre Tochter, sagt sie, sei so lange vergewaltigt worden, bis ihr Unterleib blutig gerissen war. Seither ist Dana verstummt, sie sagt kein Wort mehr.
Oder Mileva, Kroatin. Für sie war in einem überfüllten Lager in Lipik kein Platz mehr. Soldaten haben sie deshalb zwei Monate lang in eine Mülltonne gesperrt und nur herausgeholt zum Vergewaltigen. Moijca hat sie getroffen, abgemagert bis auf die Knochen, die Haare kurz geschoren. »Wissen Sie, was von so einem Mädchen übrig ist?« fragt Moijca und gibt sich selbst die Antwort: »Weniger als nichts.«
Oder Jana, Mitte Zwanzig, Kroatin. Jana ist tot. Sie war im achten Monat schwanger, als sie Tschetniks in die Hände fiel. Die schlitzten ihr mit einem abgebrochenen Flaschenhals den Bauch auf, entrissen ihr den Fötus und setzten zwei Katzenjunge hinein.
Zu grausam, um wahr zu sein? Aber: Kann man solche Geschichten erfinden? Moijca beteuert: »Ich habe die Ärztin interviewt. Es stimmt. Es stimmt!«
Moijca hat Ärztinnen und Opfern viele Stunden lang zugehört, notiert, Tonbänder und Videokassetten aufgenommen. Mit diesen Dokumenten wollen die Zagreber Feministinnen vor allem eines erreichen: Vergewaltigte Frauen sollen nach der Genfer Konvention als Flüchtlinge anerkannt werden. Und Ärztinnen sollen bei der Obduktion von weiblichen Kriegsopfern auch nach Spuren einer Vergewaltigung suchen. Moijca: »Die Welt muß einfach wissen: Dies ist ein Krieg gegen Frauen!«
Nur: Für diese Kriegsopfer gibt es noch nicht einmal eine finanzielle Entschädigung. »Mein Sohn ist verletzt zurückgekommen«, sagt Moijca, »Bauchschuß. Er bekommt eine Rente.« Vergewalti-

gungsopfer aber, deren Oberschenkel aus den Gelenken ausgekugelt oder deren Rippenbögen gebrochen sind, bekommen keinen Pfennig. Sie sind selber schuld – und müssen sich noch dafür schämen.
Vor allem für die muslimischen Frauen in Bosnien-Herzegowina ist eine Vergewaltigung eine unauslöschliche Schande, sie sind »entehrt«, wertlos für den Ehemann, den Vater, den Bruder. Was wird mit ihnen passieren, wenn sie ein Kind von einem orthodox-katholischen, kommunistischen Serben bekommen? Werden sie von ihren Familien verstoßen, so wie die Kuwaiterinnen, die »Bastarde der Invasion« zur Welt brachten? Werden die Frauen selbst getötet, um die »Schande zu tilgen«?
Bosnische Männer, die von »Ungläubigen« gefoltert, deren Töchter entjungfert, deren Frauen geschwängert werden – werden sie in die Fänge des islamischen Fundamentalismus geraten? Schon spricht das religiöse Oberhaupt des Iran, Ayatolla Chamenei, triumphierend von der Errichtung eines »islamischen Landes im Herzen Europas« und fordert die islamische Weltkonferenz zu einer »gemeinsamen Aktion für die unterdrückte Bevölkerung von Bosnien-Herzegowina« auf. Was deutsche Linke gleich zum prophylaktischen Gegenschlag ausholen läßt: Claus Leggewie fordert in der taz *allen Ernstes eine »Neuauflage der Golfkriegsallianz« und damit einen internationalen Einmarsch in Serbien – ganz so, als ob der Krieg am Golf etwas anderes hinterlassen hätte als verbrannte Erde und zerstörte Menschen. Sollte der Krieg eines Tages vorbei sein und der frauenfeindliche islamische Fundamentalismus in Bosnien an Einfluß gewinnen – ja, dann geht das Grauen für die Frauen auch im »Frieden« weiter.*

3

Protokolle des Grauens

Acht Frauen berichten über ihre Vergewaltigungen in den Lagern der Serben

Asja und Zorica konnten schon längst nicht mehr schlafen. Täglich erlebten sie seit Wochen verzweifelte, versteinerte Frauen in den Flüchtlingslagern in Kroatien. Frauen, die erst nach Tagen oder Wochen stockend und stoisch von Massenvergewaltigungen und Folter erzählen konnten. Die beiden engagierten Frauen aus der kroatischen Gruppe *Kareta* wußten auch, daß inzwischen in der Weltpresse Artikel über dieses Grauen der Vergewaltigungen erschienen waren. Ihre Liste sogenannter Vergewaltigungslager und »Hotels« wuchs auf sechsundzwanzig Namen in Bosnien-Herzegowina an. Aber immer wieder auch stießen sie im Herbst 1992 auf eine Mauer des Schweigens und der Ablehnung. Menschen, die das lasen, wollten es nicht glauben, wollten nicht handeln. So überredeten Asja und Zorica Frauen zu protokollierten Zeugenaussagen. Die Untersuchungskommission der bosnischen Regierung protokollierte Aussagen für ein späteres Verfahren gegen die Kriegsverbrecher. Auch das Komitee zur Erforschung von Völkermord und Kriegsverbrechen sammelte solche Zeuginnenaussagen. Die beiden *Kareta*-Frauen versandten englische Kopien dieser Protokolle in alle Welt – auch an die Redaktion des ZDF-Frauenjournals *ML Mona Lisa*. Hier die acht Protokolle:

Azra, fünfzehn Jahre

23. Juli 1992, Freitag abend: Die Sirenen ertönten. Wir suchten alle in unseren Kellern und Luftschutzbunkern Zuflucht. Die Luftschutzkeller waren voll von Frauen und Kindern. Auf diesem engen Raum gab es keine Möglichkeit, etwas gegen die Angst und das Weinen der Kinder zu tun. Zwei Tage lang waren wir eingeschlossen. Am Sonntag fingen sie an, Kozarac zu bombardieren, zuerst die umliegenden Dörfer, dann die Stadt selbst. Das Bombardement dauerte achtundvierzig Stunden. Am Montagmorgen begann die Evakuierung der Stadt; in Autos und Lastwagen fuhren wir Richtung Wald. Unter einem Bombenhagel erreichten wir Debeli Brijeg bei Brani. Tiefer und tiefer fuhren wir in den Wald hinein. In einem serbischen Dorf namens Vidovići verbrachten wir die Nacht. Die Einwohner nahmen uns freundlich auf und gaben uns Essen und Unterkunft. Sie sagten: »Wir sitzen alle im selben Boot!«

Die Tschetniks, bärtige Männer mit den üblichen Abzeichen, kamen am nächsten Morgen. Sie befahlen uns, uns zu ergeben, und drohten uns mit dem Tod, falls wir noch tiefer in den Wald fahren würden. Die Dorfbevölkerung schwieg dazu. Alle gingen ihrem Tagwerk nach, als ob nichts geschehen sei. Wir begannen, uns wieder Richtung Kozarac zurückzuziehen. In Brani, bei der Moschee, befahlen sie uns, ihnen unsere Waffen auszuhändigen. Sie schossen über unsere Köpfe hinweg und drohten damit, uns niederzumetzeln ... Eine Abteilung der Volksarmee in Begleitung einiger Tschetniks führte uns über den Marktplatz. Sie holten einige angesehene Bürger aus unseren Reihen heraus, ich habe sie seither nicht wiedergesehen. Kozarac wurde zerstört. Die Tschetniks plünderten unsere Häuser und feuerten über unsere Köpfe hinweg. Einer von ihnen, ein junger Mann, sagte: »Ihr dürft nicht feuern, während diese Leute vorbeigeführt werden.«

An den Häuserwänden standen Parolen wie »Freie Autonome

Region Krajina«, »Hier ist Serbien«, die »Vier S« (Akronym des Spruchs »Solidarität allein kann die Serben retten«) und ähnliches. Man führte uns zu Zikas Gaststätte in Šuići. Auf der Straße lagen Leichen. In der Nähe der Häuser, von Fliegenschwärmen bedeckt, lagen Leichen in den Straßengräben. Es roch nach Tod, Schrecken und Hoffnungslosigkeit. Panzer fuhren an uns vorbei. Sie transportierten Beutegut aus unseren Häusern, und es schien, als trügen sie unser ganzes Leben mit sich fort. Sie höhnten: »Freßt Scheiße, ihr Türken!« und »Ihr seid aber schöne türkische Krieger!« Ab und zu hielten sie an, um uns zu durchsuchen, und konfiszierten alle scharfen Gegenstände. Jeder, der kroatisches Geld, eine Pistole oder Munition hatte, wurde geschlagen, gezwungen, das Geld zu essen usw. Dann trennten sie die Männer von den Frauen und Kindern. Auch meinen dreiundvierzigjährigen Vater nahmen sie mit. Er weinte beim Abschied. Noch nie zuvor hatte ich ihn weinen sehen. Unsere restliche Familie bestand aus meiner neununddreißigjährigen Mutter, meiner zehnjährigen Schwester und meinem achtzehnjährigen geistig behinderten Bruder. Es war unbeschreiblich. Man kann das nicht mit Worten beschreiben. Sie ließen uns in ein paar Busse einsteigen und brachten uns nach Trnopolje. Einige der Männer blieben bei uns. Der Rest wurde nach Omarska und Keraterm gebracht. Auch mein Vater war in dieser Gruppe. Meinen behinderten Bruder, der nicht für den Militärdienst tauglich war, nahmen sie nicht mit, also blieb er bei uns.

Am dritten Tag nach unserer Ankunft in Trnopolje war ich mit dem Wasserholen an der Reihe. Zuvor hatte dies meine Mutter getan. Die Männer durften nicht in die Nähe des Eingangstores, also versorgten wir auch sie mit Wasser. Männer und Frauen waren getrennt; das Lager war mit Stacheldraht geteilt. Es gelang uns, den Männern etwas Wasser durch die Absperrung zu schmuggeln.

Man hatte uns erlaubt, in Gruppen zum Brunnen zu gehen, der

etwa fünfzig Meter vom Lagereingang entfernt lag. Die Frauen durften wieder zurückgehen, uns sechs junge Mädchen aber hielten sie auf. Dann fanden sie noch vier. Sie brachten uns in ein Haus, ein neues, ordentliches Haus. Wem es gehörte, weiß ich nicht. Es war auch ein großer Hof dabei.
Bald darauf erschien eine Panzerbesatzung mit ein paar Tschetniks. Es war eine Gruppe von etwa dreißig Personen, alles Schlächter von der kroatischen Front. »Ihr seid aber schöne F(otzen)«, verspotteten sie uns, »schade, daß ihr Türkinnen seid!« Wir weinten alle und hatten große Angst. Sie befahlen uns, die Kleider auszuziehen. Falls wir uns weigerten, so sagten sie, würden sie sie uns vom Leib reißen. Drei von uns weigerten sich, also zerfetzten sie ihre Kleider mit Messern. Nackt standen wir im Kreis. Sie saßen nur herum und tranken und rauchten. Dann befahlen sie uns, im Kreis herumzugehen. Das taten wir etwa eine Viertelstunde lang, während sie tranken und uns mit den Augen verschlangen. Dann fing es an.
Seltsamerweise näherten sie sich alle auf einmal einem einzigen Mädchen, anstatt sich jeder eine auszusuchen, und begannen »eine Nummer zu schieben«. Die anderen Mädchen schauten zu, weinten und flehten, aber die Männer waren »taub und stumm«. All das fand auf einem Stein im Hof statt. Ich war als dritte an der Reihe. Sie kamen auf mich zu, und ich begann sie anzuflehen, sie sollten mich nicht anrühren. »Halt«, sagte da einer von ihnen. Er sah mich an und fragte: »Junges Fräulein, kennen wir uns nicht von irgendwoher?« – »Nein«, antwortete ich, denn ich hatte ihn noch nie zuvor gesehen. »Wie ist das möglich?« fragte er. »Dein Freund ist doch Mitglied der territorialen Verteidigungstruppe von Bosnien-Herzegowina!« Ich schaute ihn an und sagte ruhig: »Mein Freund ist kein Mitglied der Verteidigungstruppe!« Da schrie er: »Du lügst, türkische Hure!« und zog ein Foto aus seiner Tasche. Es war ein Bild von Dado und mir vor der Schule, in der das Hauptquartier der Verteidigungstruppe untergebracht war.

Sie hatten es anscheinend aus einem Auto heraus aufgenommen. Der Mann, der links von mir stand, schlug mich zweimal mit seinem Gewehrkolben auf den Rücken; dann fingen beide Männer an, mich zu schlagen.

Ich fiel zu Boden. Dann begann das Schlimmste. Zuerst wurde ich von dem mit dem Foto vergewaltigt. Ich setzte mich zur Wehr, schrie und zerrte an seinen Haaren. Er schlug mich auf den Mund, und meine Unterlippe begann zu bluten. Ich wurde ohnmächtig. Als ich wieder zu mir kam, wurde ich von neuem vergewaltigt. Ich kann es nicht beschreiben, die Schmerzen waren fürchterlich. Als ich noch bei Bewußtsein war, vergewaltigten mich acht von ihnen; was danach geschah, weiß ich nicht. Es war gegen elf Uhr. Ich schrie und bettelte und weinte. Einer der Männer, er war etwa fünfunddreißig Jahre alt, lag auf mir, preßte den Lauf seines Selbstladegewehres gegen meine Schläfe und sah mir lange in die Augen.

Da kam ein junger Kerl auf uns zu, den ich schon öfter in Prijedor gesehen hatte, weil wir in die gleiche Schule gingen. Er ist vier Jahre älter als ich. Dieser vergewaltigte mich nicht. Er packte den älteren Mann an der Schulter und sagte ihm, er solle verschwinden. Der Ältere sah ihn an, stand auf und ging weg. Der junge Mann nahm nicht an der Gruppenvergewaltigung teil. Er kam nur her, gab mir seine Hand, half mir aufzustehen, und ich stand auf, nackt wie ich war.

Während der letzte noch auf mir lag, zog mir ein anderer Mann sein Messer über die Brust. Er hatte es wie spielerisch getan, hatte aber tiefe Kratzer hinterlassen. Da ich noch Jungfrau gewesen war, blutete ich schrecklich. Alle Vergewaltiger waren zwischen zweiundzwanzig und vierzig Jahre alt.

Der junge Mann, der mir das Leben rettete – sein Name ist Mladen R. –, war Wachmann in Trnopolje. Ich glaube, er ist noch am Leben. Er half mir, meine Sachen zusammenzusuchen. Ich zog meine Kleider an. Die Wahnsinnigen sahen uns zu,

hinderten uns aber nicht. Beim Weggehen sagte Mladen zu ihnen: »Denkt daran, man wird euch hierfür verantwortlich machen!« Sie warfen ihm nur einen geringschätzigen Blick zu und antworteten: »Einen Teufel wird man tun!«
Die anderen Mädchen blieben an Ort und Stelle. Ich habe sie seither nicht mehr gesehen. Mädchen, die vom Lager zu dem Haus gebracht wurden, kehrten niemals zurück. Ich weiß nicht, ob sie noch am Leben sind. Mladen brachte mich zurück zum Lager. Das Gehen fiel mir schwer. Unterwegs sprachen wir miteinander. Mladen ist aus Gomjenica. Er wollte mir helfen zu fliehen, aber ich wollte meine Mutter und meine Schwester nicht allein zurücklassen. Fünfzehn Tage später wurden wir aus dem Lager nach Maglaj gebracht, wo wir den Streitkräften der Republik Bosnien-Herzegowina im Austausch gegen serbische Gefangene übergeben wurden.

Anmerkung: Die fünfzehnjährige Azra kämpft an der Front von Derventa. Alle männlichen Mitglieder ihrer Familie wurden getötet.

Enisa H., sechzehn Jahre

Abgesehen von dem Überfall auf mein Dorf empfand ich das Massaker von Zivilisten, das ich mit eigenen Augen sah, als die größte Tragödie. Damals wußte ich noch nicht, daß mich Schlimmeres erwartet. Meine Schwester Edisa brachte ein Kind zur Welt im Keller des Hauses, in dem wir uns während der Granatenangriffe versteckten. Nach dem Fall von Rizvanovići und seiner Besetzung durch die Tschetniks sah ich unweit des Hauses erschossene Kinder im Alter von drei bis acht Jahren. Ich habe auch die zerstörte Moschee und Männer gesehen, die abgeführt wurden. Einige wohlhabende Menschen wurden aus der Kolonne entfernt. Sie haben sie nicht weit davon erschossen, mit einem Schuß aus nächster Nähe, und die Körper lagen in grotesker Stellung. Es herrschte Chaos, Panik und Tod. Mein Großvater (sechsundsiebzig Jahre alt) wurde beschuldigt, einen Serben getötet zu haben, und dann erschossen sie ihn vor unserem Haus – vor unseren Augen. Im Dorf blieb eine kleine Zahl von Frauen mit Kindern zurück, und wir versteckten uns in den Kellern der zerstörten Häuser. Unser Haus ist ganz geblieben.

An dem Tag kamen einige Tschetniks. Sie suchten nach Wertsachen und wollten Informationen über Männer, die sich im Wald versteckten. Einer von ihnen, der ungefähr dreißig Jahre alt war, befahl, ich solle mit ihm ins Haus gehen. Ich mußte es tun. Ich hatte furchtbare Angst und ahnte nicht, was auf mich zukommt. Ich wußte nur, daß, falls ich mich weigerte, das Leben meiner Familie bedroht war.

Als wir das Haus betraten, suchte er nach Geld, Schmuck und anderen Wertgegenständen. Er verlangte, ich solle ihm sagen, wo sich die Männer aufhielten. Ich antwortete nicht. Er befahl, ich solle mich ausziehen. Ich hatte große Angst. Ich zog mich aus, ohne ein Wort zu sagen, und in mir brach eine Welt zusammen. Ich glaubte, ich müßte sterben, alles in mir sei abgestorben. Ich schloß meine Augen. Ich konnte ihn nicht sehen. Er schlug mich. Ich fiel. Dann legte er sich auf mich. Er machte es. *Ich weinte, hatte Krämpfe, blutete. Ich war Jungfrau. Er befahl mir, aufzustehen. Ich wollte meine Sachen zusammensammeln und damit meinen nackten und entstellten Körper bedecken. Er sagte, ich solle nichts anrühren, sondern stehen und warten. Ich solle aufpassen, was ich mache, weil davon das Schicksal meiner Familie abhänge. Er verließ das Haus. Er drehte sich um, um zu sehen, ob ihn »jemand« beobachtete, und sagte zwei anderen Tschetniks, sie sollten in das Haus gehen. Ich weinte. Das gleiche wiederholte sich mit diesen beiden. Ich fühlte mich verloren. Ich weiß nicht, wann sie gegangen sind. Ich weiß nicht, wieviel Zeit ich so allein auf dem Boden im eigenen Blut liegend verbrachte. Ich fühlte mich, als ob Vergangenheit, Gegenwart und Zukunft zusammengeflossen wären, so daß man überall und nirgends zugleich ist. Du existierst, und es gibt dich nicht mehr, du lebst und bist gleichzeitig tot. Die unbekannte Dimension, das Land zwischen dem Bekannten und Unbekannten. Die Schlucht zwischen Gut und Böse, der dünne Faden zwischen Bewußtsein und Wahnsinn.*

Meine Mutter kam herein und fand mich dort auf dem Boden. Diese Begegnung in einer so erniedrigenden Lage war für mich das Schlimmste, das mir passieren konnte. Ich wurde mir der Wahrheit bewußt: Ich wurde vergewaltigt, zunichte gemacht und entstellt. Doch meine Mutter, die draußen ahnte, was mit mir drinnen geschah, erlebte das größte Leid ihres Lebens. Wir weinten beide und schrien. Sie zog mich an. Wir gingen zusammen in den Keller.

Alles andere geschah wie in einem nebligen Traum – die Überfahrt bis Trnopolje, der mehr als dreißig Kilometer lange Weg zu Fuß nach Travnik. Erst dort erwachte ich aus diesem Alptraum. Warum ist es geschehen? Warum gerade mir?

Mutter half mir viel. Eines Tages möchte ich auch Mutter sein. Aber wie? Männer bedeuten für mich Gewalt und Schmerzen. Das ist stärker als ich. Ich kann es nicht kontrollieren.

Mirsada C., siebzehn Jahre

An diesem Morgen sind die Tschetniks ins Dorf hereinmarschiert. Sie haben Masken getragen, und ich habe keinen von ihnen erkannt. Sie haben typisch serbisch geredet. Auf den Uniformen hatten sie Abzeichen der Weißen Adler. Ich hatte fürchterliche Angst. Wir durften nicht aus den Häusern raus. Man hat der nichtserbischen Bevölkerung verboten, ihre Häuser zu verlassen.

Man konnte nichts kaufen. Wir haben von dem, was wir zu Hause hatten, gelebt. Wer das Haus verlassen hat, ist nie zurückgekehrt. Einige Männer haben sich im Wald versteckt, und einige Reiche sind ins Ausland geflüchtet. Mein Vater und mein Bruder sind in die Territorialverteidigung von Bosnien und Herzegowina geflüchtet und kämpfen irgendwo an der Front.
Ich sah durchs Fenster, daß Leute aus ihren Häusern entführt werden. Meinen Nachbarn, Rade Obradović, einen Serben, haben sie mit der ganzen Familie herausgeholt. Er gehörte nicht zur serbischen Polizei und wollte nicht Moslems und Kroaten töten. Deshalb wurde seine zwölfjährige Schwester Zeljka auch ins Lager entführt.
Drei Tschetniks sind in unser Haus gekommen. Sie waren betrunken. Einer von ihnen hat meine Mutter geschlagen, hat geflucht und gedroht. Sie haben gesagt, daß wir uns noch merken werden, wer sie sind, und es bereuen werden, jemals geboren zu sein. Ich zitterte. Meine Schwester Sanela hat sich weinend an mich gedrückt. Als wir aus dem Haus herausgegangen sind, sah ich, daß sie vor Angst in die Hose gemacht hat.
An diesem Tag wurden alle Frauen und Mädchen weggeführt. Als wir durchs Dorf gingen, sah ich Leichen in den Eingängen von Häusern. Einige Häuser brannten, sie waren von den Tschetniks angezündet worden. Es herrschte Entsetzen. Sie haben Häuser geplündert. Sie haben Scheiben vom Geschäft Prehrana *zerschlagen und sich um den Alkohol gerissen. Wir haben das Dorf weinend verlassen. Das Dorf in Flammen, Blut und Tod. Wir sind über fünf Stunden gelaufen, wir wurden in den Wald gebracht, ich weiß nicht wohin. Wir kamen auf eine Waldlichtung, wo sich viele Menschen aufhielten. Es waren keine Männer darunter, nur ältere Leute, Frauen und Kinder.*
Im Wald war ein Motel. Ich weiß weder genau, was es ist, noch wo es sich befindet. Die Baracken dienten als Wachtposten, und alles war umzäunt und in zwei Hälften geteilt. Ich wurde von meiner

Mutter und der Schwester getrennt. Sie sagten, daß wir uns später wiedersehen würden, aber ich habe sie nie wiedergesehen. Ich blieb mit jüngeren Frauen und Mädchen zusammen. Wir wurden jede Nacht vergewaltigt. Die Weißen Adler kamen, um uns wegzubringen, und brachten uns am Morgen wieder zurück. Es gab Nächte, die einzelne von uns mit mehr als zwanzig Männern verbracht haben. Es war eine Art Ehre. Sie haben Verschiedenes mit uns getrieben. Ich kann es nicht beschreiben, ich will nicht daran denken. Wir kochten für sie, mußten sie dann nackt bedienen. Manche Mädchen wurden vor unseren Augen vergewaltigt und geschlachtet. Wenn sie versuchten, sich zu wehren, hat man ihnen die Brust abgeschnitten.
Es gab Frauen aus verschiedenen Orten und Dörfern. Wir waren mehr als tausend, vielleicht auch mehr. Ich habe in diesem Lager mehr als vier Monate verbracht. Es ist ein Alptraum, über den ich nicht reden kann. Das kann man nicht beschreiben, und du kannst es nicht verstehen. Eine Nacht rettete Zeljkas Bruder, Rade, zwölf von uns. Zwei wurden wieder eingefangen. Tagelang haben wir uns im Wald und unter freiem Himmel versteckt, aber wir sind entkommen. Ohne Zeljkas Bruder hätte ich nicht überlebt. Ich hätte mich umgebracht, denn sogar der Tod ist besser als das, was sie mir angetan haben. Ich kann darüber nicht reden. Manchmal denke ich, ich werde wahnsinnig, und der Alptraum ist nie vorbei. Jede Nacht sehe ich im Traum das Gesicht des Lagerwächters Stojan vor mir. Er war am grausamsten. Er hat zehnjährige Mädchen vergewaltigt, das war seine Spezialität. Die meisten haben es nicht überlebt... Viele Mädchen wurden getötet, wie Lämmer geschlachtet.
Ich möchte alles vergessen. Ich kann mit diesen Erinnerungen nicht leben. Ich werde wahnsinnig.

Fatima M., fünfunddreißig Jahre

Mein Mann wurde aus dem Haus geführt, mißhandelt und geschlagen; einige Male wurde er bewußtlos. Ich stand mit meinem fünfzehnjährigen Sohn stumm dabei und sah zu, wie sie meinen Mann umbrachten. Bewußtlos lag er in einer Blutlache, während die Tschetniks Männer, Frauen, Kinder und Alte aus dem Dorf führten. Unterwegs töteten sie die Alten und Schwachen, die nicht gehen konnten. Die reicheren Dorfbewohner wurden geschlagen, und sie forderten Gold und Devisen. Aus den Häusern wurden alle Wertgegenstände herausgetragen und auf Lkw verladen. Anschließend wurden die geplünderten Häuser eins nach dem andern in Brand gesetzt.

Unsere serbischen Nachbarn waren diejenigen, die den Martic-Tschetniks sagten, wer was ist in unserem Dorf. Sie nahmen unseren Hodscha (Glaubensführer), die Handwerker, die Männer, die im Ausland gearbeitet haben, und die politische SDA-Führung (moslemische Partei) zur Seite. Sie wurden ohne jegliche Begründung umgebracht. Einer unserer Nachbarn, Jovan Obrić, hat sogar gelacht, als er die Leichen sah.

Uns wurde gesagt, daß wir das Dorf nicht verlassen dürften und alle an einem Platz bleiben sollten. Hier haben wir gewartet. Nach Mitternacht begannen die Orgien und das Töten. Sie holten die Mädchen ab, sogar zwölfjährige. Sie kannten die genauen Namen von jedem im Dorf. Die Listen wurden von unseren serbischen Nachbarn angefertigt, die wiederum, um nicht erkannt zu werden, Mützen über das Gesicht zogen oder sich mit dunklen Farben bemalten. Vor unseren Augen mußten sich die Mädchen entkleiden und im Kreis laufen. Sie suchten sich jeweils ein bis zwei von den Mädchen aus. Diejenigen, die ihnen nicht gefielen, wurden aussortiert und unter Gelächter umgebracht. Aus den Gesprächen mit den Martic-Tschetniks schlossen wir, daß sie und unsere serbischen Nachbarn sich von früher kannten.

In dieser Nacht wurden in unserem Dorf fünfundzwanzig Männer und sieben Mädchen umgebracht.
Am nächsten Tag wurden die jungen und gesünderen Männer umgebracht. Sie wurden geschlagen, und keiner konnte ihnen zu Hilfe kommen. Sie schnitten mit Messern und Bajonetten in ihre Körper. Sie sagten uns, für Moslems sei nicht die Patrone, sondern nur das Messer angebracht. Es war die Zeit des Kurban-Bajram (Anm. d. Übersetzers: hohes moslemisches religiöses Fest). Ungefähr zehn Männer wurden geschlachtet, einige von ihnen haben den jungen Männern die Köpfe abgehackt. Meinen einzigen Sohn haben sie vor meinen Augen umgebracht. Ein Nachbar aus einem anderen Dorf brachte ihn zu mir und fragte mich, ob ich meinen Sohn mit ihm in den Krieg ziehen lasse. Ich schwieg. Mein Sohn weinte leise. Ich schaffte es nur, seine Hand zu küssen. Er sagte kein einziges Wort. Ich stand stumm da. Ich versuchte zu sehen, ob jemand von meinen serbischen Nachbarn reagieren und mein Kind retten würde.
Erst am Abend, als wir die Toten beerdigen wollten, sah ich, daß sie meinem Sohn den Kopf abgehackt haben. Die Tschetniks schossen auf uns und ließen uns nicht unsere Toten begraben. Wir mußten die Leichen auf einen Traktor verladen, den sie dann in unbekannte Richtung brachten. In der Dunkelheit versteckte ich den Kopf meines Sohnes im Pullover. Diese Nacht beschlossen wir – einige Frauen –, wegzulaufen. Zwölf Tage kämpften wir uns durch den Wald, bis wir die bosnische Armee erreichten. Die ganze Zeit trug ich den Kopf meines Sohnes bei mir. Ich wußte, daß ich niemals in unser Grapska zurückkehren würde, aber ich wollte wissen, wo das Grab meines einzigen Kindes war. Erst nach der Ankunft in Travnik beerdigten wir den Kopf in Anwesenheit vieler Flüchtlinge. Wir weinten alle zusammen.

Asja K., zweiundvierzig Jahre

Ich habe erfahren, daß die Lager von den extremsten serbischen Schlächtern verwaltet werden. Die Gruppen von Arkan und Šešelj leiten die Lager und kümmern sich darum, daß ihren Kämpfern nichts fehlt, so auch »frisches Frauenfleisch«, wie sie es nennen. Der Gehorsam der Gefangenen ist der Preis für das Überleben. Selbst der geringste Widerstand wird mit dem Tod bestraft. Eine große Anzahl dieser Unglücklichen hat sich das Leben genommen durch Sprünge aus Fenstern, Erhängen und Aufschneiden von Pulsadern. Als die Selbstmorde zu häufig wurden, sind spezielle Schlächter beauftragt worden, die Mädchen und Frauen zu beaufsichtigen und die Selbstmorde zu verhindern. Jede Gefangene muß pro Tag vierzig bis fünfzig »Klienten bedienen«. Nicht selten kommt es vor, daß verwilderte, betrunkene Tschetniks, häufig auch geistig behindert, nur noch massakrierte Frauenkörper hinter sich zurücklassen. Es werden sogar Orgien veranstaltet mit den toten Körpern der Geschändeten, die danach einfach auf Müllkippen oder in Flüsse geworfen oder an Futterplätzen für die Lagerhunde zurückgelassen werden. Die Ausbeutung und Qual der Frauen erreicht die Grenzen des Unmöglichen. Kleine Mädchen überleben das bestialische Wüten der Tschetniks nicht, weil sie mit schweren inneren Verletzungen ohne medizinische Hilfe zum Tode verurteilt sind. Sie sterben unter grauenhaften Qualen.

Außerdem verbreiten sich Syphilis und andere Geschlechtskrankheiten in den Lagern. Es gibt keine medizinischen Kontrollen, und Hygiene ist ein Fremdwort. Europa und der Westen dürfen nicht weiter die Augen verschließen und schweigen zu den bekannten Vorfällen.

Hier und da kann eine von diesen Unglücklichen aus solch einem Lager entkommen – hochschwanger und im Austausch gegen zehn Tschetniks. Neulich sind aus dem Lager Kula bei Sarajevo hundertvierzig hochschwangere Mädchen und Frauen entlassen worden mit dem Hinweis, diese würden nun Tschetnikkinder gebären. Auch in Sarajevo selbst gibt es Bordelle für Tschetniks. Im Stadtteil Vrace, dem größten Tschetnikstützpunkt, werden über hundert Mädchen festgehalten, und in der Siedlung Svrake in der Gemeinde Vogošac ist ein Lager für moslemische Frauen und ungehorsame Serbinnen eröffnet worden. In den Lagern Trnopolje und Omarska wird die größte Anzahl Mädchen und Frauen gefangengehalten. In Räumen, in denen ganze Familien untergebracht sind, vergewaltigen Tschetniks Mütter vor den Augen ihrer Kinder oder kleine Mädchen vor deren Eltern, selbst jene unter zehn Jahren. Ehemalige Gefangene beteuern, Tschetniks hätten »Blauhelmen« fünfzehnjährige Mädchen als »Delikatesse« angeboten.

Alija L., dreiundfünfzig Jahre

Am 5. Mai 1992 begaben sich drei von uns – zwei Frauen und ich – während eines serbischen Angriffs in unseren Keller. Nach geraumer Zeit hörten wir die Stimmen von drei Männern, die uns mitteilten, daß wir drei Minuten hätten, um uns zu ergeben, andernfalls würden sie eine Bombe in den Keller werfen. Sofort gab ich einer der Frauen ein Hemd, das uns als Zeichen dafür, daß wir uns ergaben, dienen sollte. Die Tschetniks, die wir vor uns hatten, hatten grüne Mützen auf, was mich erstaunte, da ihre Propaganda immer verbreitete, daß nur Moslems grüne Mützen trügen. Sie zwangen uns, bis vor das Gesundheitsamt von Brčko zu gehen, wobei sie uns die ganze Zeit mit Knüppeln schlugen. Eine ältere Frau stürzte infolge dieser Schläge und blieb am Boden liegen. Von der gesamten Gruppe, die vor dem Gesundheitsamt versammelt war, trennten sie eine kleinere Gruppe von etwa hundertachtzig bis zweihundert Männern ab. Diese wurden in die Moschee gebracht. Vier Tage lang blieb die Gruppe an diesem Ort, ich jedoch wurde nach achtundvierzig Stunden verlegt. Man zwang uns, unsere Notdurft auf der abdesthana (Ort einer religiösen Handlung) zu verrichten. Wir bekamen erst nach achtundvierzig Stunden nach unserer Gefangennahme die erste Nahrung. Die Strafen, die für die leiseste Bemerkung oder die geringste Übertretung verhängt wurden, reichten von Schlägen auf die Handfläche bis zum Abschneiden von Ohren und Nase; auch kam es vor, daß Gefangene von Tischen springen und direkt auf der Brust landen mußten. All dies geschah im Gesundheitsamt. Ein junger Moslem mit Spitznamen »Sarajka« wurde in der Stadtmitte gekreuzigt. Wir erfuhren dies sowohl von all denjenigen, die im Versammlungsbereich ankamen, als auch von den Tschetniks selbst. »Sarajka« war zwischen siebenundzwanzig und dreißig Jahre alt und starb an einem Kreuz. Er war beschuldigt worden, eine serbische Frau vergewaltigt zu haben.

Nach achtundvierzig Stunden wurden hundert bis zweihundert Menschen zur Cafeteria der Firma »Laser« gebracht. Nachts kam ein Tschetnik herein, den sie Ranko nannten und der etwa dreißig Jahre alt war. Er rief einzelne Personen mit Namen auf und metzelte sie vor dem Gebäude nieder. Die Wächter zwangen uns dazu, uns so hinzulegen, daß wir dies nicht sehen konnten. Erst als sie sich entfernten, konnten wir zum Fenster gehen, von wo aus wir die Menschen mit durchschnittener Kehle sahen.

Im an die Cafeteria angrenzenden Raum waren etwa zehn Frauen verschiedenen Alters untergebracht. Der oben erwähnte Ranko vergewaltigte eine von ihnen, die Mutter zweier Kinder, vor den Augen ihrer eigenen Mutter. Wir haben die Schreie deutlich gehört. Ranko kommt aus der Ortschaft Potočari. In der Nacht des 7. Mai wurde ich ins Konzentrationslager Luka gebracht, das eigentlich ein Anlegeplatz am Fluß Sava ist. Dort stand ein Zollwarenhaus mit vier Meter hohen Fenstern, deren Scheiben zerbrochen waren. Sieben Tage lang saßen wir dichtge-

drängt auf dem Betonfußboden. Zwei jungen Männern im Alter von sechzehn Jahren pflanzten die Tschetniks in der Schultergegend einen erbsengroßen Gegenstand unter der Haut ein; wir nahmen an, daß es sich um Mikrofone handelte, die die Tschetniks einpflanzten, um unsere Gespräche abzuhören.
Mitglieder der Partei für Demokratische Aktion (SDA) – eine bosnische, vor allem moslemische, demokratische Partei – und andere wurden mit ihrem Familiennamen herausgerufen, woraufhin wir drei Schüsse hörten. Sie kamen nicht mehr zurück. Alles hatte im allgemeinen irgendwie einen Symbolcharakter, der mit der Zahl drei verbunden war, genauso wie sie (diejenigen orthodoxen Glaubens) das Kreuzzeichen mit drei Fingern machen. Durch eine teilweise offenstehende Tür des Hangars sah ich, daß sie verschiedenen Leuten befahlen, sich auf die Seite zu legen, so daß ihr Kopf auf dem Gehsteig neben den Gullys zu liegen kam, in die dann das Blut floß. Die Mörder waren aus der Gegend um Bijeljina und aus Serbien. Das wußten wir, weil sie oft mit uns sprachen, wenn sie betrunken waren. An ihrem Dialekt konnten wir feststellen, daß sie aus Crna Trava waren. Der Anführer der Mörderbande in diesem Lager war Goran Jelišić aus der Gegend von Bijeljina. Seine Truppe war die Ablösungsmannschaft von Majevica. Ihre Freunde sprachen darüber. Ein anderer Mörder war Major der Volksarmee, und einer, den ich persönlich kenne, war Maschinist auf einem Flußschiff.
Bis zum 16. Mai töteten sie allnächtlich zwischen fünfundzwanzig und dreißig Personen. Als letzter fiel Avdo Karić den Mördern zum Opfer. Er hatte im gleichen Haus wie ich gewohnt und war mit mir im Keller gewesen. Mit ihren roten Mützen kamen sie gegen Mitternacht. Einer von ihnen sagte: »Ich brauche drei Freiwillige.« Im Hof der Firma »Laser« schoß dann Monica, eine Sechzehnjährige (die uneheliche Tochter von Vera), Karić in die Schulter, und der »Major« tötete ihn endgültig.
Nach dem 16. Mai hörten die direkten Ermordungen auf, aber

wir sahen die Toten, die sie von anderswo herbrachten. Bis zum 16. Mai hatten sie die nackten Leichen in die Sava geworfen, später begannen sie damit, sie im Hundezwinger zu verbrennen. Die Leichen wurden in Privatautos aus der Stadt hergebracht und anfangs in Massengräber geworfen. Später schaffte man sie in Kühllastwagen herbei, und schließlich begannen die Verbrennungen im Hundezwinger. Dieser befindet sich an der Straße von Brčko zur Interpletfabrik. Eines Tages brachten sie zehn bis zwanzig junge Männer zwischen achtzehn und fünfundzwanzig Jahren. Sie waren nackt, und ihre Geschlechtsorgane waren abgehackt worden. Auch ihre Ohren und Nasen hatte man ihnen abgeschnitten. Die Gefangenen mußten die Leichen auf- und abladen. Ein Tschetnik namens Ilja bedrohte uns mit einem aus Zwölfmillimeterdraht selbst hergestellten Gerät. Es ähnelte einer Schere, und am unteren Teil war der Draht so gebogen, daß man es zu Extraktionen benutzen konnte.

Von insgesamt fünfzehnhundert Gefangenen im Lager wurden hundertzwanzig gerettet und auf Grund von Interventionen oder Geldzahlungen freigelassen. Bei fünfunddreißig von ihnen sind mir die Umstände ihrer Rettung unbekannt. Während der letzten zehn Tage entließen sie Gefangene, nachdem wir eine Erklärung unterzeichnet hatten, wonach wir auf alle unsere Besitztümer verzichteten, an einen vorherbestimmten Ort ziehen und nicht mehr zurückkehren würden. Ich floh eines Tages, als ich das Risiko einging und zum Büro von Dragiša Tešanović lief. Er ist ehemaliger Polizeiinspektor, und ich fragte ihn: »Dragiša, um Gottes willen, warum halten Sie mich schon zweiundfünfzig Tage lang fest? Wenn ich an Ihrer Stelle gewesen wäre, hätte ich Sie schon nach vierundzwanzig Stunden freigelassen.« Er konnte nicht glauben, daß ich noch am Leben war, und ließ mich gehen. Ich ging zur Familie Hadović, deren Haus hundert Meter vom Lager entfernt steht. Es ist mir völlig unklar, warum die Tschetniks dieses Haus nicht anrührten, wo sie doch eine Stellung im

Haus gegenüber hatten. Wir hörten, daß sie jeden entließen, der Brčko verlassen wollte, wenn er eine Erklärung unterzeichnete, wonach er all seinen Besitz aufgab und auf sämtliche Verpflichtungen verzichtete. Wenn er dann innerhalb von drei Tagen nicht mehr zurückkam, hatte er das Recht zur Rückkehr verwirkt. All das hatte Žarko Damjanac organisiert, einer der stellvertretenden Kommandeure, den ich nicht kannte. Die Erklärung befindet sich noch in meinem Besitz. Am 13. Mai bestieg ich einen Bus nach Novi Sad. Viele Male wurden wir angehalten und kontrolliert. In Subotica nahmen wir den Zug und erreichten schließlich die serbisch-ungarische Grenze.

Hundertzwanzig Menschen blieben im Lager zurück. Die meisten von ihnen waren unter dreißig Jahre alt. Wir hörten, daß man sie nach Petkovići bei Bijeljina und die Jüngsten in ein Bergwerk nach Serbien gebracht hat. Was die Lage in Prijedor betrifft, so habe ich herausgefunden, daß sie die Kroaten sofort töteten. Ich weiß auch, daß sie die Töchter von Ramiz Hadimaković vergewaltigt haben. Dann verursachten sie eine Gasexplosion, bei der die Töchter umkamen. Ramiz Hadimaković ist bei der Territorialverteidigung von Bosnien-Herzegowina in Rahići. In Brezovo Polje haben sie ein Vergewaltigungs- und Todeslager eingerichtet, in dem Mädchen und junge Frauen aus Brčko festgehalten werden. Ein Serbe, der einen Moslem für 5000 DM retten wollte, wurde von einem Mitglied der Gruppe Arkan *(ultrafaschistische paramilitärische Tschetniktruppe) getötet. Er befahl ihm, sich wie ein Moslem hinzuknien, und schoß ihm in den Kopf.*

Miralem M., sechsundsechzig Jahre

Man beorderte mich zu Gojko Šaula, dem Schuldirektor von Tomina in der Nähe von Sanski Most. Gojka war Befehlshaber einer Tschetnikbrigade. Nach einem langen Verhör brachte er

mich in seinem eigenen Auto ins Lager Ciglane in Prijedor. Warum, das weiß ich nicht.
In diesem Lager wurden Frauen vergewaltigt und Kinder in Öfen geworfen und verbrannt. Zum Zeitpunkt meines Aufenthaltes dort gab es etwa tausend Menschen jeden Alters im Lager. Ganze Familien befanden sich dort. Die »Weißen Adler« (eine ultrafaschistische paramilitärische Tschetnikverbindung) teilten uns in Gruppen von je fünf Personen ein und töteten die Menschen mit Pistolen oder Messern.
Mein Enkel war unter den Gefangenen, die man zwang, Lastwagen mit Leichen zu beladen. Er füllte dreizehn Lastwagen mit Toten. Die Bewacher waren »Weiße Adler«-Tschetniks aus Serbien; sie hatten allesamt Kokarden (Tschetnikabzeichen), aber keine Bärte.
Am ersten Tag warfen sie fünfzehn Kinder in die Öfen, Kinder vom Babyalter bis zu fünf Jahren. Ihre Mütter klammerten sich an ihnen fest und versuchten, Widerstand zu leisten. Diejenigen, die sich am meisten zur Wehr setzten, wurden von den Tschetniks auf der Stelle getötet. Manche Gefangenen traten zur Seite und versuchten, nicht hinzusehen. Dann kam der Befehl, nicht mehr auf diese Weise zu verfahren, der auch befolgt wurde. Wenn sie ein Kind in den Ofen geworfen hatten, verschlossen sie die Klappen, so daß die Kinder nicht verbrannten, sondern verschmorten. Anfangs schrien die Kinder, schließlich wurden sie still.
Zwanzig von uns wurden nach Omarska gebracht. Dort befanden sich nur Männer von fünfzehn Jahren aufwärts. Wir blieben da sechs oder sieben Tage. Dann mußten wir auf Lastwagen aufsteigen. Während der anschließenden Fahrt hielt der Wagen einmal an, und es gelang mir, durch ein Maisfeld zu fliehen. Es war dunkel, und sie feuerten ein paarmal, aber es gelang mir zu entkommen. Ich versteckte mich zehn Tage lang bei meinem Sohn. Von da aus brachte mich mein Schwiegersohn aus Poharska nach

Vrpoje. In Vrpoje versteckte ich mich dann bei meiner Tante, bis sowohl Vrpoje als auch Hrstovo von den Tschetniks angegriffen wurden. Die Hodschas (moslemische Priester) organisierten die Verteidigung. Daraufhin zogen sich die Tschetniks in die Wälder zurück und bombardierten die Stadt fünf Tage lang. Alle Zivilisten, die dort zurückgeblieben waren, kamen ums Leben. Die ganze Familie Kadirić wurde von den Tschetniks auf einen Lkw geladen und zur Brücke gebracht. Dort mußten sie sich am Brückengeländer entlang aufstellen und wurden abgeschlachtet. Mich fanden sie in einer Garage. Als sie mich fragten, wessen Haus das sei, gab ich zur Antwort, es sei das Haus meines Sohnes, der sieben Jahre lang in Österreich gelebt habe. Sie schlugen und verhörten mich und versuchten, mich zu einem Geständnis darüber zu bewegen, wer Waffen besaß und wer sie von Gajići aus beschoß.
Rezak Selerić und Reuf Pobrić wurden von einem Erschießungskommando exekutiert, nachdem sie auf Befehl der Tschetniks an einer Mauer Aufstellung genommen hatten. Auch ich mußte mich dort aufstellen, aber dann kam ein Tschetnik, der mich nach meinem Alter fragte. Als er hörte, daß ich sechsundsechzig Jahre alt war, ließ er mich gehen.
Falls es nötig sein sollte, bin ich bereit, das alles vor jedem internationalen Gericht zu bezeugen.

Amira Č., Ärztin aus Prijedor

Amira Č. floh aus Prijedor, wo ihre Mutter, ebenfalls Ärztin, noch festsitzt; ihr Vater befindet sich in einem Konzentrationslager. Zuvor war er Gemeindeoberhaupt in Prijedor. Als der Ort am 23. Mai 1992 der serbischen Besatzungsmacht in die Hände fiel, wurde ihr Vater verhaftet, auf die Polizeiwache und anschließend ins Konzentrationslager Keraterm gebracht, wo er zehn Tage lang bis zu seiner Überstellung ins Konzentrationslager Omarska verblieb. Sechs Tage lang versuchten serbische Armeeangehörige ihn dazu zu zwingen, eine Aussage für das Fernsehen von Banja Luka zu machen, was er aber ablehnte.

Nach sechs Tagen wurde er nach Banja Luka transportiert. Danach gab es einen Monat lang keine Nachrichten mehr über sein Schicksal, bis wir erfuhren, daß er wieder nach Omarska gebracht worden ist. Außer den Tschetniks in der Gegend waren viele Soldaten aus Serbien und Montenegro an den Ereignissen in Prijedor beteiligt.

Von Zeugen wurde uns berichtet, daß in Omarska jeder Gefangene nur hundert Gramm Brot pro Tag erhält und daß den Gefangenen fünf Minuten Zeit gegeben wird, sich nach Brot anzustellen und es zu essen. Alle Gefangenen des Lagers stehen von früh um sieben bis abends um sieben Schlange.

Ein angesehener Arzt aus Prijedor, der aus dem Lager entlassen wurde, überbrachte eine Nachricht meines Vaters, in der er uns mitteilt, daß wir uns keine Sorgen um ihn machen sollen, denn er werde nicht so sehr geschlagen wie die anderen, von denen viele sogar totgeschlagen würden.

Er berichtete uns auch, daß die Infektionsrate bei offenen Wunden ständig steige. Einmal, als nämlich die Lagerleitung erfuhr, daß Unprofor *das Lager inspizieren würde, zwang man die Gefangenen dazu, sich zu waschen, und schnitt ihnen das Haar.*

Meine Mutter, die in Prijedor zurückblieb und vor der Besetzung des Ortes Leiterin des örtlichen Krankenhauses gewesen war, versuchte auf jede erdenkliche Art und Weise, etwas über das Schicksal und den Aufenthaltsort ihres Mannes zu erfahren. Die einzige Auskunft, die sie erhielt, war, daß sie beim Armeecorps von Banja Luka nachfragen müsse. Es ist äußerst schwierig, in Erfahrung zu bringen, welche Armee und welcher Staat hinter alldem steckt, da die Soldaten oft Uniform und Abzeichen wechseln.

In Prijedor wurde Slobodan Kuruzović zum Vorsitzenden des Krisenkomitees ernannt und terrorisiert seither alle und jeden. Alle einstmals wohlangesehenen Bürger von Prijedor sind jetzt im Konzentrationslager von Omarska. Die Frauen werden von den anderen getrennt und sind in Büros untergebracht; manchmal bekommen sie etwas Wasser, damit sie sich waschen können. Auch eine Frau namens Sabina, Angehörige des Roten Kreuzes, wurde in Omarska gefangengehalten. Alle Ärzte, Richter und Anwälte werden dort gefangengehalten. Gegen meinen Kollegen Željko Sikora wurden Beschuldigungen erfunden, wonach er serbische Kinder kastriert und ihnen die Knochen gebrochen habe. Er wurde auch des vorsätzlichen Mordes an einem Kollegen beschuldigt, der einen Herzinfarkt erlitten hatte, weil Dr. Sikora ihn angeblich falsch behandelt hatte. Dr. Sikora wurde in Omarska getötet.

Vor dem Krieg bestand die Bevölkerung Prijedors zu siebenundvierzig Prozent aus Moslems und zu sechzehn Prozent aus Kroaten. Fast alle sind auf irgendeine Weise verschleppt worden. So wie einige andere entkam auch ich mit einem Konvoi, nachdem ich unterschrieben hatte, daß ich auf all meinen Besitz in Prijedor verzichtete. Dieses Schriftstück wurde in Form eines Gesuchs abgefaßt.

All dies nahm seinen Anfang, als Panzer der Jugoslawischen Volksarmee (JNA) in die Stadt einfuhren, die Armee begann, die Männer des Ortes zusammenzutreiben, und sie zwang, vor den Panzern herzulaufen und dabei zu rufen, daß sie »Alijas Armee« seien (dies bezieht sich auf Alija Izetbegović, den legitim gewählten Präsidenten von Bosnien-Herzegowina). Ich wurde nur zum Verhör gebracht und dann wieder freigelassen.

Am 1. Juli wurde eine Gruppe von Gefangenen aus dem Konzentrationslager Omarska ins Konzentrationslager Trnopolje verlegt, wo es der weiblichen Bevölkerung des Ortes erlaubt ist, die Lagerinsassen mit Essen zu versorgen, obwohl es sich um eine

Stadt handelt, die selbst ein besetztes Ghetto ist. In Trnopolje werden täglich Frauen vergewaltigt.
Meine Cousine ist in Trnopolje. Einmal erhielt sie die Erlaubnis, ihre Kinder zwei Stunden lang zu sehen. Sie sagte mir, daß in Trnopolje pro Tag fünf Kinder sterben, meist an Durchfall, weil sie nicht genügend Wasser bekommen. Anstelle der Gefangenen erhalten serbische Soldaten die Rotkreuzpakete.
Alle Häuser von Moslems in Prijedor wurden zerstört. Auch die vier Moscheen in der Stadtmitte und weitere zwanzig in den umliegenden Ortschaften sind zerstört worden. Ich habe dieser Aussage eine Liste der prominentesten Einwohner von Prijedor und der Personen, über deren Schicksal mir etwas bekannt ist, beigefügt. Ich bitte alle humanitären Einrichtungen, alles menschenmögliche zu unternehmen, um ihr Leben zu retten.

4

Deutsche Politiker und die Massenvergewaltigungen

Die Suche des ZDF-Frauenjournals ML Mona Lisa nach politischen Studiogästen

Es ist mucksmäuschenstill in den Redaktionsräumen von *ML Mona Lisa,* dem Frauenjournal des ZDF. Auf dem kleinen Bildschirm des Sichtgerätes zeigt die Reporterin Sibylle Bassler ihr in den Flüchtlingslagern rund um Zagreb gedrehtes Material. Wir hatten zwar vorher die Berichte und Protokolle gelesen. Aber Fernsehen hat eben doch noch eine weitere Dimension. Die Eindringlichkeit der Aussagen, der Mut dieser Frauen, die Verzweiflung in den Gesichtern – das alles macht uns sprachlos. Jetzt erkennen wir, daß die Wahrheit über das bosnische Grauen noch viel, viel schlimmer ist, als es sich bisher auf dem weißen, geduldigen Papier lesen ließ. Es stimmt also, daß hier in Vergewaltigungslagern muslimische Frauen zu Tausenden von Zigtausenden serbischen Soldaten vergewaltigt werden, daß Vergewaltigung in diesem Krieg eine Waffe ist, ein Kriegsziel, um die Frauen zu zerstören, sie so nachhaltig »zu Tode« zu erschrecken, damit sie ja nie, nie mehr wieder in ihre angestammte bosnische Heimat zurückkehren wollen. Und das alles tun Männer den Frauen an, die sie zum Teil kennen, mit deren Familien sie Jahrzehnte friedlich im Dorfverband zusammengelebt hatten. Erstmals haben sich diese so schrecklich geschändeten Frauen mutig vor eine Kamera gesetzt, um –

meist stockend und zögernd – ihre schreckliche Geschichte zu erzählen.
Mit diesem Filmmaterial ist die Entscheidung klar: die geplante Sendung über die Situation asylsuchender Frauen am kommenden Sonntag fliegt aus dem Programm. Wir zeigen diese Zeuginnen und werden vor allem die Politiker aller Parteien Deutschlands fragen, ob sie denn davon tatsächlich nichts wissen, nichts wissen wollen. Auch sie sollen nie mehr sagen können, sie hätten von den Massenvergewaltigungen der Frauen während des Kriegs auf dem Balkan keine Ahnung gehabt.
Die erste Liste der Wunschgäste entsteht: Wir wollen Vertreter der UNO, der Menschenrechtskommission, des Internationalen oder Nationalen Roten Kreuzes und Politiker einladen. Fünf Mitarbeiterinnen der Redaktion hängen sich zusammen mit mir ans Telefon. Es beginnt der frustrierendste Job seit Gründung des Frauenjournals vor fünf Jahren. Alle angefragten Vertreter der genannten Organisationen sagen ab: die UNO, die Menschenrechtskommission, das Internationale, das Nationale Rote Kreuz. Alle haben viele Ausreden und lange Erklärungen. Aber sie könnten wirklich nicht kommen, weil das alles noch nicht bewiesen sei, weil »es« auch eine Kriegspropaganda sein könne, weil das Rote Kreuz sich prinzipiell aus solchen politischen Geschichten herauszuhalten habe, um seine Neutralität zu wahren.
Unsere Stimmung ist auf dem Nullpunkt. Ich kann es nicht fassen, nicht glauben. Immer wieder kommt am Telefon durch, daß alle darüber wissen. Aber im selben Atemzug fällt das fatale »Nein, wir können darüber nicht reden«. Die Politiker der CDU/CSU, der SPD und F. D. P. reagieren erst nicht anders, vor allem die männlichen Vertreter. Auch unser Angebot, die Sendung am kommenden Sonntag live aus Bonn zu fahren, greift nicht. Nach zwei deprimierenden Tagen, zuneh-

mender Nervosität – der Sendetermin rückt in bedrohliche Nähe – kommt die erste Zusage. Von einer Frau: Die stellvertretende SPD-Vorsitzende Dr. Herta Däubler-Gmelin ist bereit, ins Studio zu kommen, nach Bonn und nur ganz kurz und ganz hektisch, weil ja schließlich SPD-Parteitag in Bonn ist. Inzwischen ist es Freitag geworden, genau 13 Uhr 30. Zweite gute Nachrichten: Roy Gutman, der amerikanische Journalist, läßt per Telefon und über seine Frau zusagen. Er selbst steckt noch irgendwo in Bosnien, mitten im Krieg. Dann verspricht Dr. Rupert Neudeck von *Cap Anamur* in die Diskussionsrunde unserer Sendung zu kommen. Denn auch er hatte immer wieder versucht, auf die schrecklichen Verbrechen an den Frauen zu verweisen – aber zugehört hat auch ihm keiner. Jetzt fehlen nur noch die F.D.P und die CDU/CSU. Alle andere Redaktionsarbeit bleibt liegen, wir wählen uns die Finger wund. Meine Ohren glühen, und nur noch Hörerwechseln von links nach rechts hilft. Dreißig, vierzig Mal leiern wir unsere Geschichte herunter. Da sagt endlich auch Uta Würfel zu, die frauenpolitische Sprecherin der F.D.P. Und der ehemalige Verteidigungsminister Prof. Rupert Scholz erklärt sich am Freitag um 16 Uhr 15 zu einer Direktzuschaltung aus dem Münchner ZDF-Studio ins Bonner Studio bereit. Wir atmen auf, die Runde steht. Jetzt geht es – nur noch – um die Inhalte. Wir fliegen Samstagabend nach Bonn. Unseren Studiogästen aus der Politik werden wir diesmal die Filme nicht wie gewohnt schon vor der Diskussion zeigen. Diesmal nicht.

Protokoll der *ML-Mona-Lisa*-Sendung vom 15. November 1992

Maria von Welser:
ML Mona Lisa *heute aus unserem Bonner Studio. Guten Abend. Dabei stocke ich aber eigentlich schon, denn ein guter Abend wird*

es sicherlich nicht werden, wenn Sie diese Sendung angesehen haben. Bei den Vorarbeiten zu unserer ursprünglich vorgesehenen Sendung »Asylgrund Frau« entdeckten wir nämlich, daß sich hinter dem Drama im ehemaligen Jugoslawien ein schreckliches Horrorszenario für Frauen verbirgt: die ständige systematische Vergewaltigung von Frauen, geplant von perfiden Kriegsführern mit dem Kriegsziel, die muslimischen Frauen zu erniedrigen, ihre Persönlichkeit zu zerstören, und eine klare Botschaft von Mann zu Mann, von Sieger zu Besiegtem: »Deine Frau ist jetzt auch mein Besitz!« Die Frau also als Kriegsbeute. Von zigtausend Frauen ist da die Rede, interniert in sogenannten Vergewaltigungslagern – jeden Alters, aller Nationen. Dreißigtausend dieser Frauen seien schwanger. Ja, und jetzt werden Sie vielleicht zu Hause sagen, dieses Grauen ist bis jetzt nur Behauptung, noch nie bewiesen. Wir können es in Mona Lisa *jetzt beweisen – leider oder Gott sei Dank. Ich möchte dazu unsere Studiorunde vorstellen. Zum einen Frau Dr. Herta Däubler-Gmelin, stellvertretende Vorsitzende der SPD-Bundestagsfraktion; Uta Würfel, frauenpolitische Sprecherin der F.D.P. Roy Gutman ist Europachef der* Newsday *und hat sehr viele Berichte aus dem zerfallenden Jugoslawien verfaßt. Rupert Neudeck,* Cap Anamur, *der sich auch sehr für die Flüchtlinge aus Jugoslawien eingesetzt hat. Und zugeschaltet über Leitung aus München Professor Rupert Scholz, unser ehemaliger Verteidigungsminister, Staatsrechtler. Jetzt aber zu unserem ersten Film. Sibylle Bassler hatte durch die Unterstützung der bosnischen Muslimin Aida erstmals für das Fernsehen die Möglichkeit, mit vergewaltigten muslimischen Frauen vor laufender Kamera zu sprechen. Eines möchte ich aber noch sagen: Die Aussagen der Frauen sind nicht unbedingt etwas für Kinder, auch wenn schon zwölfjährige kleine Mädchen zu den Opfern gehören.*

Aniza: »Es ist egal, ob ich schweige oder nicht. Ich mußte ihn oral befriedigen. Vier oder fünf Stunden lang. Und ich kann sagen, es war wirklich fürchterlich, weil, wenn ich es nicht schaffte, daß er steif wird, und wenn ich es nicht schaffte, daß er zum Höhepunkt kam und ich es schluckte, habe ich Prügel am Kopf und am Rücken bekommen und Ohrfeigen, so daß mein Mund am nächsten Morgen durch diese Qualen geschwollen war. Psychisch und alles, ich wußte nicht, was ich tun soll. Vierzehn Tage dauerte es, Tag und Nacht, so daß mir von vierundzwanzig Stunden zwei bis drei Stunden zum Schlafen blieben.«

Zagreb, 9. November 1992. Zagreb. Eine Flugstunde von München entfernt. Mitten in Europa. Wir gehen den Meldungen nach, daß fünfzigtausend Frauen von Serben systematisch vergewaltigt, mißhandelt, physisch und psychisch zerstört werden.

In diesem Flüchtlingslager sagt uns Aniza, vierunddreißig Jahre:

Aniza: Manchmal passierte es, daß er zum Höhepunkt kam und mein Magen würgte und ich das Sperma nicht schlucken konnte. Es rann aus meinem Mund. Dann hat er mich wieder geprügelt und mir befohlen, es aufzulecken.

Aniza war neun Monate in serbischer Gefangenschaft, in einem Lager in Begeda, danach im Militärgefängnis Belgrad. Ein grauenhaftes Einzelschicksal oder ein Beweis für systematische Massenvergewaltigung? Wir treffen Sorica und Asja. Es sind zwei Frauen, die sich in Eigeninitiative um Frauen kümmern, die in serbischen Gefangenenlagern festgehalten und mißhandelt wurden.

Sibylle Bassler: *Sorica, sind die Vergewaltigungen Einzelaktionen von ein paar betrunkenen Tschetniks, oder was ist es?*

Sorica: *Es sind sehr oft bzw. fast immer Vergewaltigungen auf Befehl. Es sind Massenvergewaltigungen bzw. massenhafte Vergewaltigungen. Es gibt auch Einzelfälle, das will ich gar nicht bestreiten. Aber es sind Vergewaltigungen auf Befehl. Auf Befehl von oben nach unten bzw. Befehl vom Oberst nach unten.*

Ein anderes kroatisches Flüchtlingslager, in dem ausgetauschte Gefangene leben. Sorica führt uns zu Rosalia, zweiunddreißig Jahre. Vier Monate im Frauenlager Gradisca inhaftiert. Täglich vergewaltigt. Mal von fünf, mal von sieben Männern – pro Tag. Sorica sagt uns, daß sie mit Elektroschocks gequält wurde, daß sie Wirbelsäulenverletzungen hat, Schnittwunden am ganzen Körper. Seit Februar 1992 ist sie jetzt in diesem Flüchtlingslager. Sie hat zwei Kinder, ihr Mann ist verschollen.
Wir fragen nach, wer diese Frauen behandelt. Erste Anlaufstelle: das »Barmherzige-Schwestern-Klinikum«. Die Gynäkologen verweigern die Aussage vor der Kamera, sie kennen keine dieser Frauen, sagen sie. Eine Ordensschwester, die in dieser Klinik arbeitet, ist bereit, mit uns zu sprechen:

Ancilla Vujković: *Die Frauen waren in einem schweren psychischen und physischen Zustand. Es war für mich schlimmer als diese Massaker, weil, dort sind die Menschen innerhalb weniger Minuten tot. Und hier schaffen sie totale Invaliden. Die psychischen Leiden dieser gequälten Frauen sind noch viel schwerer als das, was sie physisch durchleiden mußten. Sie wurden mit den schrecklichsten Sachen vergewaltigt. Schreckliche Trennungen. Vor ihren Augen wurden Brüder umgebracht, Schwestern, Eltern, Opa, Oma…*

Sie haben Frauen im Lager festgehalten, bis sie hochschwanger, im sechsten, siebten Monat waren und nicht mehr abtreiben konnten. Dann haben sie sie in einen Bus gesetzt, das habe ich mit eigenen Augen gesehen, auf dem stand: »Wir schicken euch kleine Tschetniks.«

Asisa: Einer hat mich gehalten. Und zwei haben mich gleichzeitig vergewaltigt. Und die ganze Zeit mit Worten: Du wirst ein Kind gebären mit der serbischen Kokarde und nicht mit dem muslimischen Halbmond. Aber das schlimmste war in dem Moment, daß sie sagten: Du taugst gut dazu.

Asisa, vierunddreißig Jahre. Sie war im Gefangenenlager Manjaza.

Sibylle Bassler: Die offizielle Zahl lautet auf fünfzigtausend Frauen, die vergewaltigt wurden während dieses Krieges. Was sagt man denn unter den Ärzten?

Chefarzt Ante Drazanovic, Gynäkologische Uniklinik: Über diese Zahl habe ich dieselbe Information wie Sie auch. Ich weiß es auch nicht genauer. In jedem Fall ist dies ein Verbrechen gegen die Menschheit. Das ist alles, was ich dazu sagen kann.

Sibylle Bassler: Aber wohin gehen diese vielen Frauen, wenn sie nicht hierher gehen?

Ante Drazanović: Ich weiß es nicht. Ich kann es Ihnen nicht sagen, denn ich habe keine Information.

Wir suchen diese Frauen in der Moschee von Zagreb. Der Keller wurde zum Flüchtlingslager umfunktioniert. Hunderttausend

Flüchtlinge sind hier durchgekommen. Zur Zeit leben hier vierhundert Menschen, überwiegend Kinder und Frauen, deren Männer getötet, verschollen, inhaftiert sind. Angesprochen auf die systematischen Massenvergewaltigungen brechen die Frauen in Tränen aus, wollen nicht vor der Kamera über ihre Erlebnisse sprechen. Zu groß ist die Scham und das Entsetzen über das Erlebte. Asisa ist bereit, mit uns zu sprechen. Ihre Aussage steht für viele:

Asisa: *Ich sollte eine Aussage machen, wo sich mein Mann befindet. Sonst wirst du vergewaltigt. Zwei haben mich festgehalten, der dritte hat zugeschaut. Als sie fertig waren, haben sie gesagt, da ich nichts sagen will, wird auch meine Tochter vergewaltigt werden. Ich soll sie auf die Vergewaltigung vorbereiten. Sie haben sie abgeführt, nach einer Stunde wurde sie zurückgebracht. Ich konnte es nicht aushalten, bekam einen Schock. Ich habe meine Tochter gefragt, was gemacht wurde. Sie sagte, nix, Mama, nix. Sie war total schwarz und blau geprügelt. Dann haben sie den Kleinen abgeführt. Jetzt kommst du an die Reihe. Dir werden wir die Genitalien abschneiden. Ich habe gebettelt, damit sie ihm nichts tun. Sie sollen mit mir wirklich alles machen, was sie wollen: umbringen, Körperteile abschneiden, alles. Die Antwort war: Weil du deine Kinder so liebst und dich selbst nicht, werden wir dich braten. Sie haben so was Ähnliches wie ein Feuerzeug, aber viel größer, genommen und angezündet, und damit haben sie mich verbrannt. Ich sollte sagen, wo mein Mann ist. Wenn du immer noch nicht sagst, wo dein Mann ist, werden wir dich zerschneiden. In diesem Moment habe ich gebettelt, mich und meine Kinder umzubringen. Einfach, weil ich mich nicht mehr quälen kann. Nein, das kommt nicht in Frage, sagten die Män-*

ner. Moslems sollen nicht so leicht sterben, ihr Moslems müßt leiden. Man muß euch zerstückeln, weil wir euer Blut trinken müssen.

Junge: Sie haben mich abgeführt, um mir zu zeigen, was mit Männern und Frauen passiert. Und ich habe gesehen, wo den Männern Arme und Beine abgeschnitten werden, die Augen ausgestochen und mit Messern SDS auf die Stirn geritzt wurde.

Tochter: Die Männer haben dauernd gesagt, daß sie meine Mutter und mich vergewaltigen und meinen kleinen Bruder töten und die Geschlechtsteile abschneiden werden und daß sie die ganze Familie, uns alle, ausrotten.

Mutter: Vor unser aller Augen haben sie ein siebenjähriges Mädchen vergewaltigt. Es waren drei, die sich über sie hergemacht haben. Ihr Name: Nerma aus Kotor Varoš. Sie starb acht Stunden später.

Die Vergewaltigungen und speziell das Schwängern der muslimischen Frauen bedeutet nicht nur die totale Erniedrigung der Frau, sondern auch des Mannes. Im muslimischen Glauben ist eine vergewaltigte Frau befleckt, sie wird geächtet. Wir wollen von einem führenden Politiker der bosnisch-muslimischen SDA-Partei wissen, welche Chancen diese Frauen haben, wieder in die muslimische Gemeinschaft integriert zu werden.

Salim Sabić: Ich kann es der Frau verzeihen, der das passiert ist. Aber ich kann es nicht einem Wilden, der dies gemacht hat.

Sibylle Bassler: Was heißt das denn für die Zukunft dieses Volkes? Es geht ja auch darum, daß diese Frauen jetzt nach und nach Kinder gebären, daß dieses Volk zersetzt wird. Oder wie beurteilen Sie das, wenn Kinder auf die Welt kommen von Frauen, die von Serben geschwängert wurden?

Politiker: *Ich denke, daß gerade diese Kinder die Exekutoren ihrer Väter sein werden.*

Asja: *In jedem Krieg passieren Vergewaltigungen. Aber ich glaube, wir konfrontieren uns heute in Kroatien und Bosnien-Herzegowina mit einer hoch sophistizierten Vergewaltigung. Vergewaltigung als Kriegsmethode hat sich entwickelt. Mit Vergewaltigung spart man Bomben. Mit Vergewaltigung erreicht man die ethnische Säuberung wirksamer, mit weniger Kosten. Vergewaltigung ist eine Ökonomie des Krieges. Dieser Bericht, veröffentlicht vom bosnischen Regierungsbüro in Zagreb, dokumentiert allein sechzehn reine Frauenkonzentrationslager in Bosnien-Herzegowina mit genauen Angaben über Lage und Größe dieser Lager. Authentische Aussagen von Frauen sind beigefügt.*
Ich habe diesen Bericht an den Sicherheitsrat geschickt und an die Menschenrechtskommission von Tadeusz Mazowiecki. Alles, was ich als Antwort darauf bekommen habe, ist Schweigen.
Wir haben Interviews gegeben, an amnesty international, *an* Helsinki Watch, *aber die Welt ist taub, sie ist taub. Die Welt denkt, es passiert irgendeiner Muslimin in Bosnien, sie begreift nicht, daß es einer Europäerin passiert.*

Maria von Welser: Die Welt ist taub, sagt sie. Es passiert einer Europäerin, und wir sind hier mitten in Europa. Es ist unfaßlich, wenn man diesen Bericht sieht. Roy Gutman, ich habe vieles von Ihnen in amerikanischen Zeitungen gelesen. Sie haben darüber bereits berichtet. Warum, wer kann mir diese Frage beantworten, sagt das Internationale Rote Kreuz nichts? Warum tut die UNO-Flüchtlingskommission nichts? Sie sind verpflichtet, zu berichten. Sie sind verpflichtet, zu sagen, was sie erfahren. Sie haben die Berichte bekommen.

Roy Gutman: Die haben sehr viel gehört von den Flüchtlingen. Die wissen, daß das im allgemeinen stimmt. Die sind selbst überfordert, diese großen Organisationen. Und in Abwesenheit der Regierungen der westlichen Länder, wo sie keine Politik haben über diese großen Verstöße gegen Menschenrechte. Diese Organisationen können, soweit ich verstehe, sehr wenig machen. Es ist eine Sache unserer Regierungen.

Maria von Welser: Hier sitzen zwei Vertreterinnen der politischen Parteien in Deutschland, zwei Frauen. Frau Däubler-Gmelin, was werden Sie nach dieser Sendung tun?

Dr. Herta Däubler-Gmelin: Ich habe wenig darüber gelesen, aber ich bin ganz sicher, das, was wir tun werden, ist, daß wir dieses Thema nicht ruhen lassen. Ich könnte mir vorstellen, daß Frau Würfel und ich und sicherlich auch die Kolleginnen und Kollegen der Union sehr, sehr schnell nicht nur durch Anfragen, sondern auch durch Diskussionen im Bundestag dafür sorgen werden, daß das nicht mehr passiert. Was Sie sagen, Herr Gutman, daß die Regierungen wegschauen, das darf nicht sein.

Maria von Welser: Zugeschaltet ist Herr Professor Scholz. Sie waren einmal Verteidigungsminister. Sie arbeiten jetzt als Staatsrechtler. Sie sind unverändert im Bundestag für die CDU. Haben Sie von diesen Dingen gewußt?

Prof. Rupert Scholz: Nein, in dieser Form nicht. Wir wissen, daß Menschenrechtsverletzungen in furchtbarster Manier in dieser dichten Nähe hier mitten in Europa passieren. Und jeder ahnt und jeder weiß, daß es möglicherweise noch schrecklicher ist. Ich glaube, das gilt für uns alle, die wir hier zusammen sind. Aber Bilder dieser Art und das Wissen darum habe ich bisher nicht gehabt. Und ich kann nur sagen, es ist erschütternd, und dem beipflichten, was Frau Däubler-Gmelin eben gesagt hat.

Maria von Welser: Es erinnert ein bißchen an das Dritte Reich. Da haben ja auch sehr viele versucht, die Alliierten immer wieder von den Greueltaten unter Hitler zu überzeugen. Man hat die Augen zugemacht, und man hat es nicht mal als Kriegspropaganda benutzt gegen den Feind damals, gegen Deutschland. Es erinnert sehr an die Situation damals, an dieses Augenverschließen.

Rupert Neudeck: Ich bin ganz überrascht, daß das für uns überraschend ist. Denn ich habe im Juli, wie Roy Gutman auch, diese Frauen unmittelbar gesehen, nicht in einer ausgenüchterten Situation in einer Zagreber Klinik, sondern sie kamen runter von den Bergen, und sie haben nur noch geheult, als die Mütter erzählt haben, daß ihren Kindern das passiert ist. Das ist vor vier Monaten so gewesen. Aber der Kopf wird uns ja immer voller von diesen Nachrichten, und wir hatten große Probleme, und das muß ich zur Kritik auch der UNO und des Internationalen Roten Kreuzes sagen. Wir haben ständig Probleme gehabt, daß wir so tun wollten, als ob das alles ausgewogen geschieht. Das Rote Kreuz, die UNO und auch der französische Minister haben ständig gesagt, ja, die sind alle Schweine. Die Kroaten machen das mit den Serben und die Serben mit den Muslimen. Ich fürchte, das hat uns vier Monate gekostet, die Situation so wahrzunehmen, wie wir sie heute entsetzlich über Ihren Bildschirm präsentiert bekommen haben. Ich meine, es ist nicht nur höchste Zeit. Wir müssen ein Versäumnis wiedergutmachen. Diese Frauen sind zum Teil in Deutschland, wir haben sie hier hergebracht, wir können sie hier auch fragen. Warum sind denn unter den zehntausend und den dreihundertfünfundvierzig, die wir auf unser Schiff gebracht haben, nur Frauen und Kinder und Opas und Omas? Die Männer sind alle weggetragen worden, und die Frauen hatten diese Vergewaltigungsträume mit sich auszumachen. Und sind auch in Deutschland. Wir brauchen da gar nicht so weit bis nach Zagreb zu gehen.

Maria von Welser: Wir haben versucht, für diese Sendung einen Vertreter des Internationalen Roten Kreuzes, des Roten Kreuzes in Deutschland und der UNO zu bekommen. Es ist uns nicht gelungen. Das muß man vielleicht auch einmal ganz deutlich sagen: Es war keiner bereit, etwas zu sagen. Sie möchten hier nicht parteiisch sein. Sie scheinen alle, was auch immer, Angst zu haben. Es ist unfaßlich. Sie als Politikerinnen, ich nehme Sie da wirklich alle drei in die Pflicht, haben die Chance, mit diesen Gremien und Organisationen zu reden. Es muß, denke ich, etwas geschehen.

Uta Würfel: Wir haben uns ja 1988 schon einmal mit dem Thema befaßt, als wir diese Anfrage in den Deutschen Bundestag überfraktionell eingebracht haben. Frauen hatten sich zusammengetan, Politikerinnen, über Menschenrechtsverletzungen an Frauen. Da haben wir uns ja schon erkundigt, in welchem Maße der Bundesregierung Kenntnisse darüber vorliegen, wie vergewaltigt wird, wie oft vergewaltigt wird. Auch nach dem Krieg hat man wenig darüber gelesen, wurde wenig darüber gesprochen, was den deutschen Frauen auf dem Treck von Ostpreußen passiert ist, wie oft die einzelnen Frauen dort vergewaltigt wurden. Es ist ein Thema, das unterdrückt worden ist, aber man kann nicht mehr daran vorbeigehen. Wenn man das gesehen hat, dann geht es nicht darum, Partei zu ergreifen, dann geht es darum, Partei zu ergreifen für Frauen, für Menschenwürde.

Rupert Neudeck: Das möchte ich gerne unserer Regierung und unserer Politik sagen: Es ist wirklich nicht so, daß wir Vertrauen haben können in die internationalen Organisationen. Die sind in der Situation Ex-Jugoslawiens ständig dabeigewesen, ausgewogen zu sein. Sie haben ständig das Gefühl gehabt, sie müssen erst klarmachen, daß Kroaten wie Serben wie Muslime immer in der gleichen Schweinerei sind. Und das halte ich für schlimm, denn dadurch haben wir entscheidend versäumt, einmal diese Menschenrechtsverletzungen international anzuprangern, wie das notwendig ist. Und wir haben versäumt, diesen Frauen so zu helfen, wie das notwendig wäre. Und es wäre von Anfang an notwendig gewesen, in Bosnien und in Herzegowina das zu tun.

Maria von Welser: Herr Gutman, welche Resonanz haben Sie denn auf diese Berichte in Amerika gefunden? Da habe ich mehr darüber gelesen.

Roy Gutman: Resonanz, ich weiß nicht. Ich glaube fast, man sollte auf die Straßen gehen als Protest gegen solche Praxis, die Alltag geworden ist in diesem Krieg. Das ist nicht passiert. Ich glaube, auch in Amerika ist die Regierung größtenteils schuld. Präsident Bush hat mehrmals behauptet, daß dies ein sehr komplizierter Krieg ist mit sehr komplizierten Wurzeln. Aber das stimmt nicht. Es ist ein Eroberungskrieg, und Vergewaltigung ist eine Politik dieses Eroberungskrieges. Das hat man schon lange feststellen können. Die Regierungen müssen in diesem Fall etwas unternehmen. Die Schätzung von fünfzigtausend vergewaltigten Frauen ist eine sehr interessante Schätzung, aber wie ich es verstehe, ist es eine Unterschätzung. Ich habe von der moslemi-

schen Regierung in Zagreb gehört, daß fast jede Frau im Alter zwischen fünfzehn und fünfundzwanzig vergewaltigt wurde. Man weiß es nicht. Ich habe selbst mehrmals versucht, neue Berichte zu bringen. Diese Liste von Lagern, wo Frauen systematisch vergewaltigt wurden und behalten wurden, bis sie schwanger waren. Es ist sehr schwer, diese Frauen zu finden. Frauen zwischen fünfzehn und fünfundzwanzig sind in den Flüchtlingslagern größtenteils nicht zu finden. Man fragt sich ständig als Reporter: Wo sind sie? Niemand kann das beantworten. Deshalb sind die Lager vielleicht auch schlimmer als in den Schätzungen und Ihren Berichten.

Maria von Welser: Ich denke, daß Sie als Mann dort auch Nachteile haben. Erstens sind Sie kein Moslem, zweitens sind Sie ein Mann. Diese Frauen schämen sich, wahrscheinlich bis zum Ende ihres Lebens.

Rupert Neudeck: Kein Moslem zu sein ist für Humanitäre und Journalisten nicht so schlimm in dieser Situation. Das Mannsein ist schwierig.

Dr. Herta Däubler-Gmelin: Mich hat an diesem Film, den wir gesehen haben, neben diesen furchtbaren Quälereien an Frauen noch so tief beeindruckt, daß der muslimische Vorsitzende der Partei sagte, den Frauen könne er das verzeihen. Was heißt das denn? Die sind die Opfer, die sind gequält. Ihnen könne man das verzeihen, d. h., die werden dann hinterher, wenn überhaupt, ein Hundeleben haben. Ich kann mir vorstellen, daß die, wenn es irgendwie geht, sich aus der Kommunikation mit allem, was sie daran erinnert, heraushalten. Denken Sie an die Jüdinnen in den Bordellen der Konzentrationslager, denken Sie an die Frauen in Württemberg-Baden und Württemberg-Hohenzollern, die nach dem Krieg vergewaltigt wurden.

Roy Gutman: Es geht auch darum, daß sie in dem moslemischen Gebiet, in dem Leben in Bosnien, fast keine Erfahrungen in solchen Sachen haben. Und eine Massenvergewaltigung ist überhaupt in den letzten Jahrzehnten nicht vorgekommen. Die wissen nicht gut, wie sie das behandeln sollen. Die können dafür etwas Hilfe und Unterstützung bekommen von westlichen Ländern, wo das mehr ein Alltag ist. Ich war ganz im Inneren von Bosnien, und da gibt es eine Menge vergewaltigter Frauen. Es ist sehr schwer, sie anzusprechen, besonders als Mann. Es ist nicht meine normale Arbeit als Reporter. Ich fand, auch die Frauen konnten Frauen schwer ansprechen. Die werden von allen unterdrückt, nicht nur von der politischen Führung der SDA.

Rupert Neudeck: Aber jedes Gespräch, das wir mit kroatischen Dolmetscherinnen geführt haben, war im Grunde ein therapeutisches Gespräch, eine Erleichterung, auch wenigstens ein ganz klein wenig von dem Schrecken und dem Elend wegzubringen. Dann muß ich auch sagen, als Journalist ist man immer geeicht auf Professionalität, auf Skepsis, auf Zweifel. Das muß man. Es ist nur das Furchtbare an der Situation in Bosnien-Herzegowina, daß uns alle, die wir da unten sind, immer der Moment ereilt, in dem wir sehen, selbst das, von dem wir annahmen, es kann nicht sein, passiert. Nämlich z. B. mit den drei Fingern. Da habe ich auch gedacht, das kann nur Propaganda sein, daß man die beiden Finger einer Hand abschlägt. Die serbisch-christlich-orthodoxe Grußform geht nur mit drei Fingern. Man kann es nicht glauben, aber es ist so. Wenn Sie es dann erleben und Ihnen jemand die Hand hinhält, und die beiden Finger sind abgeschlagen, dann können Sie diese Zweifel auch wieder wegschmeißen. Und so möchte man immer noch Zweifel im Sinne der gemeinsamen Menschenwürde und Menschlichkeit aufrechterhalten, und dann ist er auch wieder weg.

Maria von Welser: Als ich letzten Sonntag aus Zagreb die Sendung heute angekündigt habe, haben wir zwanzig gleichlautende Telefaxe von serbischen Organisationen aus Deutschland bekommen. Darin hieß es, es würden auch serbische Frauen von Kroaten und Muslimen systematisch vergewaltigt werden. Wir wollten der Sache nachgehen. Barbara Dickmann war in Belgrad. Hier der Bericht.

Radeomir Smiljanić, Serbische Demokratische Partei: Wir sind der Meinung, daß die Weltpresse – nicht die ganze, aber ein Teil der Weltpresse – die Sache falsch dargestellt hat. Die Serben sind dargestellt als die Aggressoren, als diejenigen, die Krieg stiften. Das ist die bekannte kroatische Propaganda, die immer versucht, die Explosivität den Serben in die Schuhe zu schieben. Frau Doris Hushagen ist Vertreter einer Hilfsorganisation in Jugoslawien. Sie hat in einem Magazin gesagt, Bordelle mit serbischen Frauen in Bosnien sind massenhaft vorhanden. Dieses Verbrechen einer Nation in die Schuhe zu schieben, wie es üblich ist in der Weltpresse, daß immer dieselben die Teufel sind. Wie die Juden einst.

Wir versuchen beim Nationalen Roten Kreuz in Belgrad zu erfahren, wie die Situation wirklich ist. Ohne Erfolg. Wir haben keine Erkenntnisse, war die Antwort. Wenden Sie sich an das Internationale Department, war der Tip. Das Büro hatte geschlossen. In einem Magazin finden wir einen Artikel vom Roten Kreuz, aber keine eigenen Erfahrungen, nur Informationen aus zweiter Hand. In einem Kloster treffen wir eine Gruppe von Frauen, die aus Bosnien geflohen sind. Aber auch sie haben von Vergewaltigungen nur gehört:

»Ich habe gehört, daß dreihundert vergewaltigte Frauen in das Militärhospital gebracht wurden, um dort behandelt zu werden.«

Wir gehen diesem Hinweis nach und fahren zum Militärhospital. Aber schon der Pförtner verweigert uns den Zutritt. Bis zu dem verantwortlichen Arzt vorzudringen gelingt erst nach langen Diskussionen. Doch der lehnt dann jede Stellungnahme ab. Nächste Station: das gynäkologische Hospital, in dem vergewaltigte Frauen behandelt worden sein sollen. Im Zimmer 314 finden wir eine Frau, die im sechsten Monat schwanger ist, von muslimischen Frontkämpfern. Unter Tränen berichtet sie uns von den greulichsten Taten der muslimischen und kroatischen Soldaten in ihrem Dorf in Bosnien. Die Kamera löst bei ihr einen Nervenzusammenbruch aus. Drei Stunden später liegt sie auf dem Operationstisch. Ihr sechs Monate altes Embryo wird entfernt. Frage an den Chefarzt, Dr. Milomir Krstić. Hat er noch weitere Opfer behandelt?

Dr. Milomir Krstić: Ja, in dieser Abteilung haben sich seit Ende September drei Frauen gemeldet, die in den Territorien Kroatien und Bosnien in den Lagern waren und die sagten, die Schwangerschaft ist durch Vergewaltigung entstanden.

In welchem Zustand hat er die Frauen angetroffen?

Dr. Milomir Krstić: Jede von ihnen ist vom Psychologen dieses Klinikums behandelt worden, und es wurden bei allen schwere depressive Störungen festgestellt.

Hat er einen Überblick über Gesamtzahlen von Vergewaltigungen durch kroatische Soldaten?

Dr. Milomir Krstić: Diese Frauen kamen nur zum Abbruch der Schwangerschaft zu uns, so daß wir keinen genauen Überblick über die Zahl der vergewaltigten und mißhandelten Frauen insgesamt haben.

Vom serbischen Informationsministerium und anderen Behörden werden wir immer wieder an das Belgrader Fernsehen verwiesen, wo ja ständig von Kollegen über die Opfer unter den serbischen Frauen berichtet würde. Wir erhalten das Material von den Kollegen, Beweise aus zweiter Hand, auf die wir hier verzichten wollen. Die Serbin Drinka Goyković, Mitbegründerin des serbischen Antikriegszentrums, hat unsere Spurensuche begleitet.

Drinka Goyković: Ich bin wirklich zutiefst enttäuscht, daß es in Belgrad keine offizielle Stelle gibt, die sich um die vergewaltigten Frauen kümmert. Vergewaltigungen in diesem Krieg sind eine der schrecklichsten Tatsachen, und wir wissen, daß das passiert. Aber warum keiner darüber Bescheid sagen kann über die Massen der Frauen, die betroffen sind, das ist für mich wirklich ein Wunder.

Haben Sie den Eindruck, daß die das gar nicht interessiert?

Drinka Goyković: Ich würde sagen, das interessiert als Propagandamaterial, daß es Schrecklichkeiten auch solcher Art in diesem Krieg gibt, das interessiert, würde ich sagen, alle. Auf der anderen Seite, die menschliche Seite des Problems, die ist dort total vernachlässigt. Die einzige Schlußfolgerung ist, daß das kaum jemanden interessiert.

Maria von Welser: Herr Professor Scholz, die Genfer Konvention »schützt Frauen und Kinder nachdrücklich«. Das wird aber in diesem Krieg dort ad absurdum geführt. Warum sind Vergewaltigungen immer noch keine Kriegsverbrechen?

Prof. Rupert Scholz: Es geht um Menschenrechtsverletzungen in jeder Beziehung, was dort geschieht, und ich bin der Meinung, man kann Konventionen, man kann Paragraphen, man kann viele internationale Vereinbarungen zitieren. Das hilft leider nichts in einer solchen Situation, wenn man nicht bereit ist, auch etwas zu tun. Ich denke, daß wir wirklich zu lange inzwischen zugeschaut haben, bei dem, was in dem ehemaligen Jugoslawien passiert. Wir tun immer noch so, als ob das so eine Art Bürgerkrieg ist in einem fortbestehenden Staat, in den man sich nicht einmischen kann. Das sind die Begriffe etwa der Charta der Vereinten Nationen. Wir beschränken uns auf Hilfslieferungen und Flüge nach Sarajevo, alles notwendig. Man kann jedem dankbar sein, der das tut und der sich hier engagiert. Aber ich glaube, das reicht wirklich nicht mehr. Ich denke an ein Konzept der Vereinten Nationen, das sie z.B. zum Schutz der Kurden im Irak bereits angewandt haben, in dem zum Schutze von Minderheiten, in dem zum Schutze verfolgter Bevölkerungsschichten und -teile Schutzzonen, dem Krieg gegenüber neutralisierte Schutzzonen eingerichtet worden sind, mit entsprechender militärischer Überwachung durch die Vereinten Nationen. Das hat sicherlich im kurdischen Teil im Irak immerhin etwas geholfen. Ich frage mich wirklich, warum tun wir nicht etwas in dieser Richtung hier. Warum schauen wir zu, nehmen alles hin und beschränken uns auf Hilfsflüge, die letztlich die täglich passierenden brutalsten Menschenrechtsverletzungen nicht verhindern. Wir haben hier heute einen besonderen Teil dessen sehr unmittelbar erleben müssen. Ich meine, das ist nicht mehr hinnehmbar, und ich finde, alle Regierungen müssen im Rahmen der Vereinten Nationen, die allerdings ausschließlich für so etwas zuständig sind, hier agieren.

Maria von Welser: Die Vereinten Nationen haben einen wunderbaren Titel. Sie sind die »Vereinten Nationen«, also jede Nation, auch die unsere, ist Teil dieser Vereinten Nationen. Deswegen bin ich froh, daß Vertreter der CDU, SPD und FDP hier in dieser Runde sitzen. Dieser Ball geht jetzt unbedingt an Sie als politische Vertreter. Konkret würde ich gerne wissen, was Sie als nächstes tun können. Werden Sie zum Internationalen Roten Kreuz gehen, werden Sie an die UNO gehen, werden Sie die Männer Ihrer eigenen Partei überzeugen können, daß da dringend etwas passieren muß?

Dr. Herta Däubler-Gmelin: Ja, ich denke, das ist völlig klar, daß man diese Menschenrechtsverletzungen, über die Sie offensichtlich schon länger berichten, als uns in der Öffentlichkeit bewußt ist und auch politisch von uns aufgegriffen wurde, daß man die mit Nachdruck öffentlich macht. Nachdem Herr Scholz und Frau Würfel der gleichen Meinung sind wie ich, wird das sehr schnell im Bundestag passieren. Übrigens nicht in dem Sinne, daß es dann erledigt ist und wieder zu den Akten gelegt werden kann, sondern in dem Sinne, daß hier die Internationalen Organisationen diese Menschenrechtsverletzungen sehr viel ernster nehmen und daß man, lassen Sie mich das mit Deutlichkeit sagen, den Serben als kriegführende Aggressor-Nation deutlich macht, sie werden auch damit nicht durchkommen. Zweiter Punkt ist: Ich hoffe, daß wir die Möglichkeit haben werden, möglichst viele dieser Verbrecher dingfest machen zu können, d. h. daß es die Möglichkeit gibt, auf einem Internationalen Strafgerichtshof, den wir immer noch nicht haben, aber den wir dringend brauchen, die persönliche Verantwortlichkeit dieser entmenschlichten Verbrecher dingfest zu machen. Das dritte ist sehr deutlich. Ich halte das…

Rupert Neudeck: Das sind immer noch Menschen, übrigens. Wenn Sie so etwas sagen, müssen wir immer wissen, die hören das, und die glauben daran.

Dr. Herta Däubler-Gmelin: Ich sage nichts, wovon ich nicht selbst überzeugt bin. Ich fordere diesen Internationalen Gerichtshof schon länger, und wir werden sehr bald wieder eine gemeinsame Aktion in Europa unternehmen. Aber da ist eben noch viel zu tun. Der dritte Punkt ist natürlich auch: Ich teile die Auffassung von Herrn Scholz, daß wir in Europa, aber auch in den Vereinten Nationen aktiv werden müssen, weil man diesem Völkermord und den Menschenrechtsverletzungen dort nicht mehr zuschauen darf. Ob Schutzzonen der nächste geeignete Schritt sind, ist denkbar. Aber wir werden gemeinsam sehen müssen, daß das so nicht mehr weitergeht.

Maria von Welser: Hier sitzen zwei Journalisten, die dort immer wieder waren. Können Sie mit dem Angebot der Politiker leben, wenn die sagen, wir wollen Schutzzonen gründen, z. B. für die Frauen dort?

Rupert Neudeck: Fast zu spät, würde ich sagen. Ich habe die Situation im Nordirak erlebt und ich weiß, daß für das arme, gebeutelte und geschundene Volk der Kurden bis heute eine Schutzzone besteht. Wodurch? Durch eine bis heute Tag und Nacht lückenlos funktionierende Luftüberwachung. Ich möchte, daß die Komödie, bei der uns ständig an der Nase herumgezogen wird und nichts gesagt wird, aufhört. Die Lufthoheit steht den Serben schon nicht mehr zu. Ich war dort. Alle zwanzig Minuten geht dort eine MIG hoch, und zwar nach Westen, nach Bosnien-Herzegowina, und sie führt Bomben mit sich. Die UNO macht sich lächerlich. Warum ist die UNO bei den Frauen und Männern, über die wir hier heute reden, in den Ruf der Lächerlichkeit gekommen? Weil sie nichts von dem größten Wert, den die UNO hat, dem Schutz der Menschen, verwirklichen kann. Weil die Bomben kommen, weil die Vergewaltigungen losgehen, weil die schweren Waffen, die irgendwann nach der Londoner Konferenz einmal weggetragen werden sollten, weil das alles nicht funktioniert. Was geschehen muß für die vergewaltigten Frauen, ist, daß wir ihnen jetzt in Zagreb und wo immer sie sind helfen. Wir müssen wirklich Spezialisten und auch Ärztinnen dort hinschicken, wenn diese Hilfe notwendig ist. Die Bundesrepublik sollte die fünf-, sechs- oder siebentausend Menschen, die jetzt noch in den Lagern schmachten müssen, weil Europa sie nicht aufnehmen will, aufnehmen. Ich finde, Deutschland hat sich in dieser Situation schon so aus dem Fenster gelehnt, positiv humanitär. Es müßte etwas geschehen, damit diese Gefangenen aus den Lagern herauskommen.

Roy Gutman: Zu der Frage »Schutzzone« wollte ich sagen, es hat nur Sinn, wenn ganz Bosnien geschützt wird. Es gibt einen Teil von Bosnien, Mittel-Bosnien, der noch existiert. Dort leben noch Millionen von Menschen, aber dieses Gebiet könnte sehr bald und schnell erobert werden, obwohl die Engländer und Spanier Soldaten hingeschickt haben. Die sind nicht da, um die Menschen und Menschenrechte zu verteidigen. Was hat das für einen Sinn, eine kleine Schutzzone, sagen wir, in Nord-Bosnien zu errichten, wenn ganz Mittel-Bosnien gefährdet ist. Was fehlt, ist nicht nur eine Politik, um die Frauen zu schützen, sondern um Bosnien zu schützen. Es geht um das Ganze. Es gibt überhaupt keine Politik dazu. Das ist die Schwäche der UNO und der westlichen Regierungen. Sie haben sich nicht einmal konsequent ausgedacht, was sie machen, wenn die Serben weitermachen.

Rupert Neudeck: Aber ich wäre schon froh, wenn es eine kleine Schutzzone gäbe für die Menschen, die jetzt rund um Sarajevo aus den Bergen runterkommen, wo es jetzt im Winter minus fünf Grad hat und wo Schnee fällt. Ich wäre schon froh, wenn es eine kleine, ausgegrenzte, von der UNO bewachte und beschützte Schutzzone gäbe. Aber nicht mal die gibt es.

Maria von Welser: Wie stark ist denn die Stimme Deutschlands in der UNO? Wie stark kann sich Deutschland da durchsetzen oder überhaupt eine Resonanz erreichen, Herr Professor Scholz?

Rupert Scholz: Ich fürchte, daß unsere Stimme nicht sehr stark ist. Das hängt damit zusammen, daß wir uns bei Fragen, wo man auch ein militärisches Engagement in Betracht zieht, sehr zurückhalten. Ich will über die Gründe im einzelnen jetzt nicht sprechen. Ich glaube, das führt zu weit. Aber man hat immer dann besonderes Gehör, wenn man bereit ist, die Lasten mitzutragen. Wir haben mit den Hilfslieferungen viel getan und sind in diesen Dingen sehr engagiert. Aber bei einer solchen Konstruktion – ich nenne die Schutzzone jetzt so – wird es nicht gehen, daß man hier nur einen Blauhelm hinschickt, einen Soldaten, der einen blauen Helm trägt und nur zur Waffe greifen kann, wenn er selbst angegriffen wird. Dies wird nicht genügen. Das hat sich im Grunde auch im Irak gezeigt. Hier muß man schon bereit sein, auch wirklich zu schützen und gegebenenfalls auch gegen Angriffe schützen.

Maria von Welser: Der Schutz muß kontrolliert werden, man muß quasi diese Schutzzone wieder überwachen.

Rupert Scholz: Die Schutzzone muß kontrolliert sein und gegebenenfalls auch verteidigt werden. Man hört immer wieder das Argument, das ich auch so deprimierend finde, indem man sagt, das ehemalige Jugoslawien sei geographisch ein so schwieriges Gebiet, in dem man militärisch nur sehr schwer tätig werden kann. Das ist eine Erfahrung im Zweiten Weltkrieg gewesen, auch im Zusammenhang mit dem Partisanenkrieg. Aber das alles können doch keine Argumente sein. Ich denke, gerade deshalb, daß die neue Konstruktion im Rahmen des UNO-Völkerrechts, Schutzzonen zu schaffen innerhalb prinzipiell in ihrer Souveränität geschützter Staaten zugunsten von Menschen und Minderheiten, daß dieser Gedanke, der ja neu ist, auch auf das Beispiel des ehemaligen Jugoslawien paßt oder hier jedenfalls angewandt werden könnte. Aber dann rasch und mit Entschlossenheit.

Maria von Welser: Rasch und mit Entschlossenheit. Ich hoffe, daß das bald möglich sein wird. Ich denke, es muß möglich sein. Wir werden jedenfalls in ML Mona Lisa *an diesem Thema dranbleiben. Wir werden Sie als verantwortliche Politikerinnen auch immer wieder fragen: Was wird sich tun, und wir werden darüber berichten. Ich denke, nach dieser Sendung kann niemand mehr sagen, das sind nur Einzelfälle. ·Es scheint tatsächlich geplant zu sein.*

5

Endlich Reaktionen

Das Hearing im deutschen Bundestag

Selten haben auf eine einzige dreiundvierzigminütige Sendung in einem deutschen Fernsehsender so viele Menschen so spontan reagiert. Neben Hunderten von Anrufen über Tage, ja Wochen hinweg formieren sich Tausende von Schweigemärschen und Protestkundgebungen zwischen Flensburg und Friedrichshafen, in der deutschsprachigen Schweiz ebenso wie im Nachbarland Österreich. Die deutsche Bundesregierung muß in einer Briefflut ertrunken sein, dazu haben noch Zigtausende von empörten Menschen auf Unterschriftenlisten an den Bundeskanzler unterschrieben. Schwarzgekleidete Frauen stehen als Mahnwachen vor öffentlichen Gebäuden, Benefizkonzerte finden statt, Spendenaufrufe werden gestartet – es bewegt sich viel. Fraueninitiativen gründen sich, und alle, alle wollen helfen. Nicht zu vergessen: Jetzt berichten endlich auch *Stern* und *Spiegel* über die Massenvergewaltigungen in Bosnien-Herzegowina.

Weil Hunderte von Frauen mit Geld helfen wollen, entsteht nach der *ML-Mona-Lisa*-Sendung der »Hilfsfonds Vergewaltigte Frauen«. Verantwortlich zeichnen dafür die Teilnehmerinnen der Sendung Dr. Herta Däubler-Gmelin, Uta Würfel und ich. Da es in Deutschland bis zu drei Monaten dauern kann, bis ein gemeinnütziges Konto steuerlich anerkannt ist

und verständlicherweise die Spenderinnen und Spender um Spendenquittungen bitten, sind wir froh, daß die Arbeiterwohlfahrt uns ein solches öffentliches, gemeinnütziges Konto zur Verfügung stellt. Wir bitten – wie schon vor der Sendung – auch CDU/CSU-Frauen um Teilnahme und Mitträgerschaft. Aber die Arbeiterwohlfahrt gilt als SPD-nah, und darum lehnen sie ab. Es ist bedauerlich, daß sogar in solch einem Fall die Parteipolitik eine Rolle spielt. Die CDU/CSU-Frauen gründen daraufhin einen eigenen Spendenfonds.
Aber der Bundestag vereint sie dann doch allesamt, die Politikerinnen aller Couleur. In der Sendung hatten sie es ja versprochen, drei Wochen später kommt es dann tatsächlich dazu: In die Geschichte des Deutschen Bundestags wird dies als »Eilverfahren« eingehen. Der Ausschuß für Frauen und Jugend lädt auf Grund der *ML-Mona-Lisa*-Sendung zu einer öffentlichen Anhörung über die »systematischen Vergewaltigungen in Bosnien-Herzegowina«. Die Vorsitzende Dr. Edith Niehuis bekennt zu Beginn dieses achtstündigen Marathons: »Zu lange, denken wir, ist über diese Greueltaten geschwiegen worden. Über diese Verbrechen an Frauen wurde auch noch geschwiegen, als die schweren Menschenrechtsverletzungen und die tagtäglichen Grausamkeiten im Kriegsgebiet an die Öffentlichkeit gelangten. Als die ersten Berichte über das unsägliche Leid, das Frauen zugefügt wurde und wird, vorlagen, blieb die Öffentlichkeit noch zu lange stumm. Es fehlte die nötige laute Anklage und auch die Hilfe, die die Frauen gebraucht hätten.
Dies macht mich sehr betroffen. Ich weiß auf Grund der Reaktionen, daß sehr viele betroffen sind. Ich denke, diese böse Erfahrung des langen Schweigens darf uns darum von nun an nicht mehr ruhen lassen. Das Leid, die körperlichen und seelischen Verletzungen, die Demütigungen von Frauen, von denen wir jetzt gehört haben, sagen uns: Hier geht es um

einen Vernichtungskrieg gegen die Frauen, in dem Frauen zugleich Kriegsbeute und auch Kriegswaffe sind. Darum, so denke ich, muß endlich Schluß sein mit der immer wieder zu spürenden stillschweigenden Duldung der Tatsache, daß Vergewaltigung zum Krieg gehört wie die Männer, die ihn anzetteln und führen. Denn nicht zuletzt diese stillschweigende Duldung führt dazu, daß sogar die schwersten Menschenrechtsverletzungen an Frauen viel zu lange nicht zur Kenntnis genommen werden. Das, was uns in diesen Wochen, insbesondere aus Bosnien und Kroatien, aber auch aus Serbien, zur Kenntnis gebracht wird, würde jede Vorstellungskraft sprengen, wenn wir nicht alles immer wieder in Bildern und Berichten zu sehen bekämen. Das ist der Grund dafür, daß sich der Bundestagsausschuß für Frauen und Jugend sehr kurzfristig entschlossen hat, diese öffentliche Sachverständigenanhörung durchzuführen.
Wenn sich ein Bundestagsausschuß dieses Themas annimmt, dann, denke ich, dürfen wir nicht damit zufrieden sein, die vorliegenden Berichte durch weitere Berichte zu ergänzen, sondern dann gilt es neben der Situationsanalyse auch den kritischen Fragen nachzugehen, die in der Öffentlichkeit gestellt werden. Das sind Fragen nach den Ursachen für das lange Schweigen. Das sind Fragen nach der geleisteten oder vielleicht nicht geleisteten Hilfe. Das sind Fragen, wie von jetzt an wirkungsvoll geholfen werden kann. Das sind auch Fragen, wie Täter wirkungsvoll verurteilt und bestraft werden können.
Die Zusammensetzung der Sachverständigen richtet sich insbesondere nach dieser Zielsetzung. Wir mußten aber auch die zeitliche Grenze unserer Anhörung respektieren, eine Grenze, die jede Anhörung hat. Ich sage dies, weil wir in der letzten Woche, als die Tatsache, daß diese Anhörung stattfindet, bekannt wurde, erfreulicherweise sehr viele Angebote bekom-

men haben, an der Anhörung mitzuwirken: als Opfer, als Zeuginnen oder auch als schon aktiver Hilfsverein.
Wir haben uns über diese Angebote, über diese Aktivität sehr gefreut, mußten allerdings immer wieder darauf verweisen, daß aus zeitlichen Gründen eine Ausweitung der Sachverständigenliste nicht möglich ist. Dies hätte jeden zeitlichen Rahmen unserer Anhörung gesprengt. Ich möchte ausdrücklich betonen, daß mit dieser sehr zeitig vorgenommenen Auswahl keine Wertung verbunden ist. Unsere Unterstützung gilt allen Frauen, deren Menschenrechte in diesem Krieg so grausam verletzt werden.
Nun möchte ich, sehr verehrte Sachverständige, Sie ganz herzlich begrüßen und Ihnen danken, daß Sie trotz der kurzfristigen Einladung zu uns gekommen sind. Ich begrüße Sie, Frau Bassler und Frau von Welser, von der ZDF-Redaktion *Mona Lisa*. Ohne Zweifel ist es Ihnen gelungen, durch Ihre Berichterstattung die öffentliche Aufmerksamkeit für dieses Thema endgültig zu wecken.«

Frau Bassler: Mit Hilfe von Aida Daidzic von der *Gesellschaft für bedrohte Völker* war es mir möglich, vom 8. bis 11. November 1992 in Zagreb zu drehen. Wir haben vor Ort recherchiert. Unsere erste Anlaufstelle war die feministische Initiative *Kareta*. Das ist ein Zusammenschluß von acht Frauen, von denen sich zwei, Sorica und Asja, seit November 1991 mit dem Thema Massenvergewaltigung beschäftigen. Sie gehen in die Flüchtlingslager in Zagreb und sammeln Aussagen von vergewaltigten und mißhandelten Frauen. Ihr Ziel ist das Sammeln von authentischem Material, das ermöglichen soll, Massenvergewaltigung als Kriegsverbrechen zu ahnden und die Täter als Kriegsverbrecher vor ein Kriegsgericht zu stellen. Die Frauen bzw. unsere Interviewpartner des gesamten Films wußten nicht, daß wir kommen. Dies geschah, um uns den

Vorwurf, mit speziell ausgewählten Frauen zu arbeiten, die aus Propagandazwecken aussagen, zu ersparen.
Wir haben unangemeldet in vier Flüchtlingslagern in Zagreb gedreht. In einer ehemaligen Kaserne trafen wir Aniza, vierunddreißig Jahre. Sie hat zwei Kinder. Sie kommt aus der Nähe von Vukovar, war vierzehn Tage in Begece und neun Monate im Militärgefängnis Belgrad inhaftiert. Seit 14. August 1992 ist sie in Zagreb. Während ihrer Inhaftierung wurde sie mehrfach am Tage vergewaltigt, zu Oral- und Analverkehr gezwungen. Ihre Brüste wurden durch Schläge und Bisse verletzt, ihre Psyche durch Scheinerschießungen zusätzlich gefoltert. Heute leidet sie streckenweise unter Amnesie.
Dann waren wir in einem anderen Zagreber Flüchtlingslager, Špansko. Dort begegneten wir Rosalia, zweiunddreißig Jahre. Sie wurde im Oktober 1991 gefangengenommen und in das Frauenlager Gradisca gebracht. In einer Zelle zusammen mit neun anderen Frauen wurde sie am Tag von fünf bis sieben Männern mehrmals vergewaltigt und mit Elektroschocks mißhandelt. Sie weist Schnittwunden am ganzen Körper auf. Monatlich wurden die Frauen von den Lagerärzten kürettiert. Eine medizinische Anamnese liegt auch hier vor. Heute ist Rosalia geistig verwirrt. Sie trinkt, schluckt Psychopharmaka, liegt tagelang unansprechbar in ihrem Bett.
Im illegalen muslimischen Flüchtlingslager Resnik sprach ich mit einer Gruppe von zehn Frauen im Alter von achtzehn bis fünfzig Jahren vor der Kamera. Die Scham dieser Musliminnen, über das Erlebte öffentlich zu sprechen, war sehr groß. Sie berichteten über Vergewaltigungen zunächst in der dritten Person, machten Andeutungen, bis sie schließlich zugaben, daß sie es waren, die in den Lagern von Tschetniks vergewaltigt wurden. Befragt, ob sie untereinander darüber redeten, wurde deutlich, daß sie lieber schweigen, als sich das Entsetzliche durch Gespräche wieder vor Augen zu führen.

Das vierte Lager war im Keller der Moschee von Zagreb. Das ist ein umfunktioniertes Flüchtlingslager. Da führte ich Gespräche mit mehreren Frauen, darunter drei Mädchen im Alter zwischen vierzehn und siebzehn Jahren aus Krasolje und Asisa. Zwei Kinder stammen aus der Nähe von Banja Luka. Die Mädchen berichteten mir von Schändungen und Ermordungen in der Nähe von Ključ. Asisa war im Gefangenenlager Manjača, zusammen mit ihrer Tochter und ihrem neunjährigen Sohn. Mehrfach sei sie vor den Augen aller vergewaltigt worden, mit dem Ziel, sie zu schwängern. Ihrem Sohn, der neun Jahre alt war, drohten die Tschetniks, die Geschlechtsteile abzuschneiden. Sie wurde aufgefordert, ihre zwölfjährige Tochter auf die Vergewaltigung vorzubereiten. Sie kam blau und grün geprügelt zu ihrer Mutter zurück. Die Mutter selbst war mit einem feuerzeugähnlichen Gegenstand gebrannt worden. Die Brandwunden sind heute noch zu sehen. Alle drei waren zusammen mit den anderen Inhaftierten Zeugen einer Vergewaltigung eines neunjährigen Mädchens namens Nerma aus Kotor Varoč, das acht Stunden nach der mehrfachen Vergewaltigung verblutete. Asisa kennt die Namen ihrer Peiniger.
In den zweieinhalb Tagen habe ich mit etwa dreißig Frauen im Alter von vierzehn bis sechzig Jahren gesprochen. Davon waren vierzehn bereit, vor der Kamera über ihre Vergewaltigungen zu reden. Die Aussagen über die Zahl der vergewaltigten Frauen schwankten zwischen dreißig- und fünfzigtausend. Schwester Ancilla Vujković vom Franziskanerorden, die bei der Untersuchung vergewaltigter Frauen im »Barmherzige-Schwestern-Klinikum« assistiert, sprach von dreißigtausend. Professor Ante Drazanović, Chefarzt der gynäkologischen Uniklinik Zagreb, bestätigte mir gegenüber fünfzigtausend. Salim Sabic, ein führender Politiker der SDA, der bosnischen Partei, sprach von mindestens fünfzigtausend.

Was den Täterkreis angeht, so decken sich die Aussagen. Immer wieder ist von serbischem Militär und von Tschetniks die Rede. Es existiert der militärische Befehl von Massenvergewaltigungen, so die Frauen von *Kareta*, als Teil der ethnischen Säuberungsaktion, die die Serben in Bosnien-Herzegowina betreiben. Aussagen der von mir befragten Frauen untermauern diesen Vorwurf. Asisa berichtete, daß die Vergewaltiger ihr immer wieder sagten: »Du wirst ein Kind gebären mit der serbischen Kokarde und nicht mit dem muslimischen Halbmond.« Schwester Ancilla sah, wie hochschwangere Frauen in einem Bus ankamen, auf dem stand: »Wir schicken euch kleine Tschetniks.«

Ziel dieser Massenvergewaltigungen, so Salim Sabic, ist es, das muslimische Volk zu zersetzen, die Frauen psychisch und physisch zu zerstören und durch die Erniedrigung der muslimischen Frau ihren Mann und die Familie zu vernichten. Er sprach davon, daß die Kinder, die aus diesen Vergewaltigungen hervorgehen, die »Exekutoren ihrer Väter« sein werden.

In ihrem Bericht über das Verbrechen an kroatischen und bosnisch-muslimischen Frauen in diesem Krieg listet Nihada Kadić sechzehn reine Frauenkonzentrationslager auf. Ich denke, daß sie fundiert später darüber reden wird. Mir selbst wurde von einem Lager in Trnopolje berichtet, in dem Frauen festgehalten und mißhandelt werden.

Asja Armanda von der Gruppe *Kareta* spricht von Vergewaltigung als Kriegsmethode, mit der man Bomben, Benzin und Waffen spart. Die ethnische Säuberung wird wirksamer, mit weniger Kosten erreicht. Es sei eine Ökonomie des Krieges. Ich glaube, daß diese Massenvergewaltigungen den Haß auf beiden Seiten weiter schüren. Salim Sabic sprach davon, daß er als Muslim dieses Verbrechen niemals vergessen kann und will – meines Erachtens Ausdruck, wie die Saat des Hasses aufgeht. Wie schon oben von mir erwähnt, ist wohl bei diesem

Krieg die Massenvergewaltigung als Waffe zu sehen und nicht wie bei vergangenen Kriegen als Auswuchs einer marodierenden Soldateska.

Über getötete junge Mädchen berichtete mir Asisa – ich erwähnte dies bereits –, und eine zwanzigjährige Frau schilderte ebenfalls, daß nach einer Vergewaltigung das Opfer gestorben ist. Ich muß jedoch hinzufügen, daß nicht nur junge Frauen und junge Mädchen getötet werden, wie es aus dieser Fragestellung hervorgeht. Frauen in jedem Alter sind davon betroffen.

Schließlich: Was die Beurteilung der seelischen und körperlichen Auswirkungen für die Opfer angeht, so müssen das Mediziner und Psychologen feststellen. Als Journalistin konnte ich bei den von mir befragten Frauen drei Verhaltensmerkmale beobachten: erstens eine fast emotionslose Schilderung des Erlebten in der Ichform, zweitens Berichte von Vergewaltigungen in der dritten Person, wobei durch die Genauigkeit der Schilderung und durch Nachfragen erkennbar ist, daß die Berichtende selbst Betroffene ist. Drittens: Das Opfer ist nicht mehr ansprechbar, verdrängt mit Hilfe von Alkohol und Psychopharmaka das Erlebte.

Es liegen Informationen über Frauengefangenenlager sowohl auf serbischer wie auf bosnischer Seite vor. Es muß sichergestellt werden, daß neutrale Beobachter und Hilfskräfte Zugang zu jedem dieser Lager bekommen. Die Gefangenen dieser Lager müssen umgehend freigelassen, die Lager aufgelöst werden. Es müssen Schutzzonen im Kriegsgebiet für die Zivilbevölkerung geschaffen werden, Schutzzonen, die von UN-Truppen gesichert werden.

Die Opfer müssen aufgenommen werden, bzw. es muß für eine medizinische und psychologische Betreuung durch Fachkräfte gesorgt werden. Eine weitere Forderung, die aufgestellt werden muß, ist, daß Vergewaltigung völkerrechtlich als

Kriegsverbrechen geahndet wird und sich die Täter vor einem internationalen Strafgerichtshof verantworten müssen. Dazu ist es dringend erforderlich, daß die vor Ort tätigen Initiativen bei der Sammlung von authentischen Aussagen logistisch und finanziell von uns unterstützt werden. Der Krieg muß sofort beendet werden, damit die Greueltaten auf beiden Seiten ein Ende haben.

Frau Janović (Kroatische Kulturgesellschaft Rhein-Main): Ich heiße Amelija Janović. Ich bin seit achtundzwanzig Jahren in Deutschland. Ich gehöre zu der Generation der ethnisch gesäuberten Kroaten oder der Nichtserben, und zwar aus dem Jahre 1946, aus dem Jahre 1955 und aus dem Jahre 1971, also aus der Nachkriegszeit, in der man hier zu unserer Enttäuschung Jugoslawien hat hochleben lassen und Tito salonfähig gemacht hat.
Da ich hier unter der Emigration gelitten habe und mein Haus eine Adresse für die Davongelaufenen, für die Gefolterten und auf eine andere Art und Weise Erniedrigten war, habe ich eigentlich permanent gelitten. Ich lebte in einer freien Welt; aber ich war zusammen mit meiner Familie ununterbrochen sehr vielen Schikanen ausgesetzt. Man macht sich hier überhaupt keine Vorstellung davon, daß es möglich ist, daß in einem freiheitlichen und demokratischen Staat eine Organisation wie die jugoslawische UDBA (von Serben und Montenegrinern besetzte jugoslawische Geheimpolizei; Anm. d. Autorin) so viel Unheil, Tötungen und Liquidationen meinen Landsleuten hat bringen können.
Alles, wovon wir heute sprechen, hat diese freie demokratische Welt gewußt. Aber sie tat so, als ob sie es nicht wüßte. Schon seit eineinhalb Jahren ist es möglich, daß Dörfer und Städte zerstört und wehrlose Menschen auf Grund ihrer religiösen oder natürlichen Zugehörigkeit ausgerottet und

vertrieben werden. Die mächtige Welt, alle Moralnormen – die christlichen sowie die liberalen – ablegend, schaut zu und heuchelt, als ob sie politische Lösungen suchen würde. Spätestens aber seit Beginn des Zweiten Weltkrieges sollte es klargeworden sein, daß man einen Aggressor nicht gewähren lassen darf. Wie damals breitet sich der Krieg aus: erst in Slowenien, dann in Kroatien und gleichzeitig in Bosnien-Herzegowina. Ein jeder von euch weiß, genauso wie die übrigen europäischen relevanten Kräfte, gegen die ich meinen Vorwurf und meine Anklage erhebe – Deutschland ausgenommen –, daß sich der Krieg weiter ausbreiten wird, falls nicht jetzt und sofort der Aggressor gestoppt wird.
Von unserem heutigen Thema »Vergewaltigung als eine Art der Kriegswaffe« weiß man schon lange, sehr lange. Im übrigen möchte ich eingangs betonen, daß diese Art der Vernichtung einer zivilen Bevölkerung schon vor fünfundfünfzig Jahren derselbe großserbische bolschewistische Aggressor an den seit Jahrhunderten in Batschka und Banat, in der Wojwodina lebenden deutschen Frauen, also ein Verbrechen an der zivilen Bevölkerung, begangen hat. Es sind bekannt: einhundertfünfunddreißigtausend Lagertote und mehrere Zehntausend vergewaltigte deutsche Frauen.
Dieses Verbrechen hat sich in keiner Weise von dem jetzigen Verbrechen, das an den nichtserbischen Frauen Bosnien-Herzegowinas sowie Kroatiens begangen wird, unterschieden. Damals so wie heute duldet diese Verbrechen – damit auch gewährt – just diese unsere demokratische und freiheitliche Welt. Es gibt keinen Zweifel darüber, daß seitens des serbischen Aggressors eine geplante Landnahme der verbrannten Erde sowie ethnische Säuberungen der nichtserbischen Bevölkerung betrieben werden. Diese restlose Zerstörung aller Kulturgüter, was ein wesentliches Merkmal dieses Krieges ausmacht, dient ausschließlich da-

zu, alle Spuren der Existenz der nichtserbischen Völker zu verwischen.
Das hemmungslose Töten sowie die massenhaften Vergewaltigungen gehören zu den taktischen Mitteln zur Verwirklichung dieses Ziels. Auf Grund der noch patriarchalisch orientierten Gesellschaft Bosnien-Herzegowinas ist das Ausmaß der Tragödie unbeschreiblich. Außer den nicht ausgesprochenen Verletzungen an Leib und Seele, die eine überlebende Frau davongetragen hat, kommen traditionelle und gesellschaftliche Zwänge hinzu, die ein Zurückkehren an den Ort des Geschehens total erschweren bis ausschließen. Somit ist die massenhafte Vergewaltigung eine wesentliche Waffe, die zur Vertreibung der angestammten Bevölkerung beiträgt.
Die posttraumatischen Zustände der überlebenden, womöglich noch schwangeren Frau, die das Kind eines Erbfeindes, eines Schänders, austragen soll, ist die letzte Demütigung des Ehemannes und der ganzen Familie. Was das aber in einem Kulturkreis bedeutet, in dem es noch einen Sittenkodex einer anderen Art gibt, kann eine es noch so gut meinende Frau und Freundin in dieser liberalen Welt kaum begreifen.
Es stellt sich die Frage: Was sollen wir tun, und wie sollen wir helfen? Vorerst kann man nur helfen, indem man die Überlebenden, Kranken und Obdachlosen auf Zeit aufnimmt. Aber eine effiziente Hilfe wird dadurch nicht geboten. Ich glaube, inzwischen kann man Klartext sprechen: Dem serbischen linksorientierten, faschistischen sowie stalinistischen Aggressor muß Einhalt geboten werden, so daß diese Frauen eine Hilfe in ihrem angestammten Breitengrad und vor allem in ihrer eigenen Sprache erfahren; denn eine psychiatrische Betreuung kann in einer fremden Sprache nicht wirksam werden.
Ich würde sagen: Genug mit den verbalen lügenhaften Verhandlungen, die sich auf dem Niveau eines Kindergartens abspielen; denn in Wirklichkeit könnten es sich Milošević

und seine Horden nicht leisten, ein wehrloses Volk auszurotten, zu vertreiben und zu schänden – die Lebendigen und die Toten –, wenn nicht irgendein Interesse einer Großmacht dahinterstehen würde. Es scheint so zu sein, daß in meinem Vaterland und in Bosnien-Herzegowina so lange gestorben wird, bis der serbische Aggressor auch das letzte von dem, was er vorhatte, eingenommen hat.

Zum Abschluß bitte ich euch alle hier Versammelten, mich in meinen Forderungen zu unterstützen. Politiker, diese mächtigen Ignoranten der satten, egoistischen Welt, sollen ab sofort das zynische Verhalten einer angeblichen Hilfeleistung zugunsten der Bedrohten ablegen. Sie sollen bitte nicht weiter über Korridore verhandeln. Sie sollen darüber verhandeln oder anordnen, daß die Gründe, weshalb die Korridore entstehen mußten, verschwinden. Sie sollen nicht darüber verhandeln, ein Konzentrationslager zu inspizieren, sondern diese müssen alle aufgelöst werden.

Wir fordern eine ehrliche Hilfe. Im Namen der Ermordeten, der Vertriebenen, der Zerschundenen und Hilfsbedürftigen, im Namen der Gedemütigten und der Entehrten, nicht zuletzt aber auch im Namen eines vereinten Europas, an das wir trotz allem in einem gemeinsamen Interesse noch immer glauben sollten, klage ich unser Recht auf den angestammten Lebensraum ein. Wir fordern eine völkerrechtliche Verurteilung aller Kriegsverbrecher, der Auftraggeber sowie der Vollzieher dieses Verbrechens. Eine Namensliste ist schon aufgestellt worden. Wir fordern die Völkerrechtler dazu auf, den Tatbestand einer Vergewaltigung als Kriegswaffe zur kriegsverbrecherischen Handlung zu erklären.

Zum Abschluß möchte ich wiederholt darauf hinweisen, daß die weitere Duldung der Vernichtung der nichtserbischen Völker und der ethnischen Säuberungen als ein verführerisches Beispiel für die latenten Verbrecher dieser Welt dient.

Eine riesengroße Gefahr droht inzwischen durch die frei gewordenen militärischen Kräfte der ehemaligen Sowjetunion, die bekanntlich über eine massenhafte Anhäufung von Atomwaffen verfügen. Nicht zuletzt müßte das demokratische Europa von daher im eigenen Interesse handeln, im Interesse der eigenen Kinder.
Der Worte waren es genug, die Taten müssen endlich folgen. Wenn es Ihnen recht ist, würde ich jetzt die Dame neben mir sprechen lassen. Ich bitte um Verständnis, daß sie sich verhüllt hat. Ihren Namen möchten wir nicht nennen. Ich werde übersetzen.

Kroatin (Konsekutivübersetzung durch Amelija Janović): Sie ist eine Kroatin. Sie lebte in Bosnien. Sie ist vierzig Jahre alt. Sie hat Jura studiert. Sie ist Mutter eines erwachsenen Sohnes. Sie hat siebenundfünfzig Tage, von Juni bis August, in einem Konzentrationslager, und zwar in Omarska, das inzwischen in aller Munde ist – in der Nähe von Prijedor –, verbracht. Im Lager befanden sich mit ihr noch dreiunddreißig Frauen. Drei davon sind getötet worden. In der Zeit, wo sie sich im Lager befand, wurden zwischen fünftausend und achttausend Männer getötet, in einem Alter ab vierzehn Jahren. Nach oben gab es keine Grenzen.
Sie möchte kurz ihr Leiden schildern; aber sie möchte gleichzeitig davon berichten, was sie gesehen hat. In den siebenundfünfzig Tagen war sie in den Händen eines Strafbataillons der Tschetniks. Ich bin vergewaltigt worden. Ich bin zusammengeschlagen worden. Die Folgen habe ich bis heute davongetragen. Meine Rippen sind kaputt. Die rechte Hüfte hat starke Schäden davongetragen. Ich habe ein Hämatom am Hals, und zwar von den Schlägen mit einem Gewehrkolben in das Kinn. In dem Moment der Vergewaltigung haben sie vor meinen Augen zur gleichen Zeit den Ehemann meiner besten Freun-

din getötet. Vier Nächte nacheinander wurde ich herausgeführt. Ich möchte betonen, daß in das Lager Menschen gebracht wurden, die noch nie an kriegerischen Auseinandersetzungen teilgenommen haben.
In Prijedor war kein einziger Schuß gefallen, außer den Schüssen aus serbischen Gewehren. Es gab auch keinen Widerstand während der Einnahme. Im Lager habe ich beobachten können, daß man Mädchen in einem Alter von dreizehn Jahren genauso wie mich in einer Gruppe von dreißig Tschetniks vor den Augen ihrer Eltern, ihrer Brüder und ihrer Nachbarschaft vergewaltigt hat.
In Trnopolje habe ich beobachten können, als einer Mutter ihr zwei Monate altes Baby weggenommen wurde. Es wurde mittels Messers enthauptet, und gleich danach wurde die Mutter vergewaltigt.
Wenn ich unser Leiden jetzt in Einzelheiten beschreiben sollte... Sie sind so morbid geplant, daß ein normales menschliches Gehirn so etwas überhaupt nicht aufnehmen kann und es nicht wahrhaben will. Aber vor allem deswegen möchte ich sagen, daß diese Vergewaltigungen geplant und mit Vorsatz durchgeführt werden. Meine Aussage, abgesehen davon, wie schmerzhaft sie für mich ist, soll der Aufhellung eines dunklen Kapitels dienen, das in der Öffentlichkeit im ganzen noch nicht durchgedrungen ist oder die das vielleicht auch nicht wünscht.

Frau *Kadić* (Zagreb, Simultanübersetzung): Ich komme aus Kroatien, und ich vertrete die Frauengruppe *Trešnjevka*. Das ist eine Nichtregierungsorganisation. Ich vertrete auch eine Frauenkoordinationsgruppe in Bosnien-Herzegowina. Ich werde jetzt versuchen, das Problem der Frauen in Bosnien und Herzegowina in dem Krieg gegen Bosnien und Kroatien zu erläutern.

Nach sechsmonatiger Untersuchung, die wir in der Öffentlichkeit Kroatiens und in den Flüchtlingslagern durchführten, stellten wir in der Bevölkerung zwei charakteristische Gruppen fest. In der ersten Gruppe fanden wir die Flüchtlinge, die Teile der Bevölkerung, die Opfer der Aggression waren. Die zweite Gruppe waren Exilanten, Menschen, die von den Tschetniks nach der Besetzung und nach Gewalttaten aus ihren Regionen vertrieben wurden. In der zweiten Gruppe fanden wir den größten Teil von Frauen, zwischen fünfzehn und fünfunddreißig Jahren alt.
Nach den Unterlagen der bosnisch-herzegowinischen Regierung gibt es etwa 3,1 Millionen Menschen, die aus ihrer Heimat vertrieben worden sind. Von den Flüchtlingen sind mehr als 1,5 Millionen Nichtserben. Mehr als hundertzwanzigtausend Menschen aus allen besetzten Teilen Bosnien-Herzegowinas sind in Konzentrationslager verschleppt worden, in mehr als hundert Konzentrationslager als Teil der Politik des Genozids durch die serbischen Tschetniks.
Der Untersuchungsausschuß Bosnien-Herzegowinas gab im September einen Bericht ab, in dem zweiunddreißigtausend Fälle von Vergewaltigungen und dreizehntausend Fälle von schwangeren Frauen aufgeführt wurden. Dieser Bericht wurde dann an den Menschenrechtsausschuß in Genf geschickt.
Die Gefangenen sind hauptsächlich Gefangene in Konzentrationslagern. Das eine sind wichtige Menschen, bekannte Menschen, die vor Ort Einfluß haben. Die zweite Gruppe sind Intellektuelle, und die dritte sind ganz normale Bürger. Häftlinge der ersten oder der zweiten Gruppe sind für die Liquidation vorgesehen; denn sie sind die gebildetsten und einflußreichsten Schichten. Sie sind somit ein Hauptziel der ethnischen Säuberung und des Genozids, des Völkermordes. Sie versuchen die intellektuelle, die kulturelle und gesellschaftliche Identität des Volkes zu zerstören.

Diejenigen in der dritten Gruppe sind hauptsächlich Zivilisten. Diese Gruppe schließt auch die große Zahl von Frauen ein. Die meisten davon sind einfach vergessen worden. Der Methodologie der Zerstörung folgend, sind die Intellektuellen gebildetere Menschen, überwiegend Männer, und sie werden ermordet. Es erscheint deshalb einleuchtend, anzunehmen, daß Frauen nur die Chance haben zu überleben, wenn sie ungebildet sind und somit für die Identität des Volkes nicht von Bedeutung sind. Dies sind überwiegend Frauen moslemischen Glaubens, die dann ein serbisches Kind gebären werden und somit die ethnische Struktur des besetzten Gebietes verändern werden.

Viele von ihnen sind an den Folgen der Vergewaltigung gestorben. Aber dennoch werden keine Obduktionen durchgeführt, um festzustellen, ob diese Frau – gleichgültig welchen Alters – vergewaltigt wurde, bevor sie starb. Auf Grund dessen fehlt sehr wichtiges Beweismaterial. Es ist deshalb sehr schwer, mit Frauen zu sprechen, die in diesem Krieg vergewaltigt wurden. Es gibt vertrauliche Berichte in Europa und auch in islamischen Ländern, daß es dort Frauen gibt, die keine Papiere haben, die dann obdachlos sind und die in sehr schlechter geistiger und körperlicher Verfassung sind.

Jede überlebende vergewaltigte Frau braucht besondere Fürsorge, eine langfristige Rehabilitation und medizinische Fürsorge. Maßnahmen gegen Diskriminierung, Ignoranz und die Angst, für das Verbrechen bestraft zu werden, sind dringend notwendig, damit diese Vergewaltigungen in einem Krieg nicht mehr als Waffe eingesetzt werden. Kleine Kinder, junge Frauen, verheiratete alte Frauen, alle Frauen werden in diesem Krieg vergewaltigt.

Die Tschetniks Serbiens und ehemalige Gefangene, Psychopathen und Legionäre, ehemalige Truppen der jugoslawischen Armee, die gesamte männliche Bevölkerung zwischen fünfzehn und sechzig, und Streitkräfte aus dem Kosovo, aus Serbien und Montenegro benutzen die Vergewaltigung als einen Teil der Strategie. Sie stammen aus allen sozialen Schichten. Sie vergewaltigen, weil es dafür keine Strafe gibt, weil sie Rache wollen, weil ein anderer Mann eine Frau aus ihrer Nation, aus ihrer Familie oder ihrem Bekanntenkreis vergewaltigt hat, weil die Vergewaltigung eine Metapher ist, eine Botschaft von einem Krieger zu einem anderen Krieger, von einem Mann zu einem anderen Mann. Die Sexualität ist eine zusätzliche Waffe in diesem Krieg, weil die Vergewaltigung eine Waffe ist, um die gesellschaftlichen Strukturen zu zerstören.

Nach den Untersuchungen haben wir eine Liste von Frauen aufgestellt, die in diesen Lagern vergewaltigt wurden. Wir stellten fest, daß es mehr als fünfundvierzig solcher Lager gibt. Die Zahl der dort festgehaltenen Frauen ist in Bosnien-Herzegowina zur Zeit höher als fünfzigtausend.

Nun zu den Folgen der Vergewaltigung. Die Mädchen und Frauen, die überlebten, wurden meistens von mehreren Männern gleichzeitig vergewaltigt. Sehr oft geht dieses einher mit Erpressung, daß, wenn sich diese Frau vergewaltigen läßt, die ganze Familie überlebt. Viele Frauen, besonders junge Frauen, starben, während sie vergewaltigt wurden oder kurz nach der Vergewaltigung als Folge davon, daß ihre Wunden nicht behandelt werden konnten oder weil sie mit Feuerwaffen oder Messern ermordet wurden. Als Folge der Vergewaltigung kam es oft zu dauerhafter oder vorübergehender Sterilität. Es gab auch Folgen, daß Frauen dauernde körperliche Schäden hatten.

Die psychischen Folgen waren in drei Gruppen einzuteilen. Da gab es einmal sehr emotionale Frauen, die Verzweiflung, Haß und natürlich Rache fühlten. Die zweite Gruppe waren Frauen, die emotional völlig tot waren, die völlig leere Augen

hatten. Die dritte Gruppe waren selbstmordgefährdete Frauen.
Die sozialen Folgen waren erstens das Syndrom des Schweigens, um so schnell wie möglich vergessen zu können, zweitens die Reaktionen in der Familie und drittens, daß man sich weigert, zu glauben, daß das wahr war.
Es ist notwendig, daß der Krieg sofort beendet wird und daß auf die serbischen Behörden international Druck ausgeübt wird, um die Lager zu öffnen und die Menschen freizulassen, daß konkrete Hilfe organisiert wird, daß Zentren für Frauen, die in diesem Krieg vergewaltigt wurden, eingerichtet werden, daß internationaler Druck auf alle Regierungen ausgeübt wird, um denen politisches Asyl zu geben, die aus dem ehemaligen Jugoslawien fliehen konnten, insbesondere aus Serbien und Montenegro, auch Soldaten aus Serbien und Montenegro, die sich an diesem Krieg nicht mehr beteiligen wollen.
Wir brauchen sofort finanzielle Mittel, um ein Zentrum für Frauen einrichten zu können und auf verschiedenen Ebenen tätig werden zu können, um das Problem der vergewaltigten Frauen anzugehen und Einrichtungen, z. B. auch Sporteinrichtungen, zu schaffen. Weil dieses Projekt – z. B. die Zentren für vergewaltigte Frauen zu eröffnen und eine solche Organisation, um den vergewaltigten Frauen helfen zu können, zu schaffen – das erste Projekt seiner Art in der ganzen Geschichte der Zivilisation ist, haben die europäischen Regierungen hier eine große Verantwortung dafür, daß sie den Frauengruppen und Experten helfen, die diese grausamen Kriegsverbrechen untersuchen. Es gibt keine Menschen, keine Institutionen, die die Erfahrungen, die diese Frauen gemacht haben, völlig verstehen können. Es ist für Männer sehr schwierig, zu verstehen, daß sie für das Leben von Frauen Verantwortung übernehmen und für Frauen etwas tun können, deren Leben von anderen Männern zerstört wurde.

Wir brauchen dafür Häuser, Gebäude. Wir brauchen Ausbildungsprogramme für Frauen, die mit vergewaltigten Frauen arbeiten. Wir brauchen Trainingsprogramme für die Gemeinschaften. Wir brauchen Bildungsprogramme für Männer, für die Familien und insbesondere Programme für die Schulen und die Universitäten. Wir brauchen Verbindungen mit Krankenhäusern in Bosnien-Herzegowina, in Kroatien und im Ausland. Wir brauchen Erste-Hilfe-Einrichtungen. Ich muß sagen, wenn es unmöglich ist, Frauen zu helfen, die jetzt in der Kriegszone in Bosnien-Herzegowina sind, dann müssen wir versuchen, diese aus der Kriegszone in den verschiedenen Teilen Bosnien-Herzegowinas zu evakuieren. Wir müssen sie entweder in andere Teile Bosnien-Herzegowinas bringen oder sie herausbringen. Wir müssen dann Fürsorge tragen, daß ihnen Rehabilitationsmaßnahmen offenstehen.
Es ist sehr wichtig, daß internationale Organisationen und alle europäischen Regierungen Initiativen unterstützen und eine Initiative in die Generalversammlung der UN einbringen, um dann das Völkerrecht zu ändern, worin verankert werden muß, daß Vergewaltigung als Teil der militärischen Strategie ein Kriegsverbrechen ist. Wir müssen versuchen, daß alle Männer, die an diesen Massenvergewaltigungen beteiligt sind, strafrechtlich verfolgt werden.

Frau Seitz (Slawistisches Seminar, Universität Tübingen): Ich möchte mich bei den Mitgliedern des Ausschusses ganz herzlich bedanken, daß ich als Slawistin eingeladen wurde.
Bei uns in Westeuropa geht man davon aus, daß sich nach dem Zweiten Weltkrieg die politische und gesellschaftliche Lage so weit unifiziert hat, daß unser westliches Denkparadigma überall gegriffen hat und atavistische Formen wie Krieg und Gewalt in Europa im Grunde ausgeschaltet waren. Man hat in der Zeit des drohenden Atomkriegs vielleicht eine gewisse

Erstarrung feststellen können. Aber unter der Decke der Verwestlichung war in anderen Bereichen als den unseren in Europa die alte Denkstruktur doch immer noch da. Ich möchte jetzt darauf hinaus, daß in diesem Krieg, der als Krieg natürlich verurteilungswürdig ist, nicht nur Mittel und Methoden angewendet werden, die wir von einem modernen Krieg erwarten würden, sondern daß auch Denkparadigmata durchstoßen, die wir schon lange zur Vergangenheit gerechnet haben.

Ein Argument in diesem Krieg, natürlich vor allem von der Seite des Aggressors verwendet, ist historischer Art. Es wird gesagt: Die und die Gebiete gehörten schon vor soundsoviel hundert Jahren zu unserem Staat. Dort leben unsere Bürger, und wir haben das Recht, diese Gebiete zu schützen, um unsere Bürger zu schützen und sie in einem mit unserem Staat verbundenen Staatenbund einzugliedern.

Wenn man aber die Besiedlung des Balkans in der Geschichte betrachtet – ich möchte hier gar keinen langen Geschichtsvortrag halten, das läßt die Kürze der Zeit nicht zu –, so sieht man, daß der Balkan von den Slawen im sechsten Jahrhundert nach Christus besiedelt wurde. Zuvor bestand eine römisch-illyrische Bevölkerungsvermengung. Die Slawen haben nach der Völkerwanderung diese Gebiete eingenommen. Es haben sich dann ein frühmittelalterlicher kroatischer Staat und ein spätmittelalterlicher serbischer Staat gebildet, welche spätestens beim Einfall der Türken in Europa – damit auch eine Staatlichkeit der Slawen auf dem heutigen Gebiet des ehemaligen Jugoslawiens – aufgehört haben zu existieren.

Die Grenzen in diesem Gebiet wurden immer verschoben. Es ist also nicht so, daß man einmal feste Grenzen hatte, auf die man jetzt wieder zurückgreifen könnte. Es werden vielfach Maximalgrenzen eines gewissen geschichtlichen Zustandes genommen, der zweifellos einmal in der Geschichte tatsächlich bestanden hat, und dann wird postuliert: Wir wollen wieder zu diesen Grenzen gehen. Das ist, glaube ich, eine Diskussion, auf die wir uns als Westeuropäer gar nicht einlassen sollten; denn wenn wir so beginnen, dann müssen wir sagen, daß dieses Gebiet gar niemandem gehört. Wir müssen jetzt sehen, daß in diesen Gebieten immer eine Mischung von Kulturen und von Völkern war. Ganz besonders trifft dies für das Gebiet Bosniens zu.

Es ist wahrscheinlich bekannt, daß in diesem Jahr der hundertste Geburtstag des bosnischen Literaturnobelpreisträgers Ivo Andrić war. Deshalb möchte ich Ihnen zu diesem Paradigma gar nicht selber sehr viel sagen, sondern ich möchte Ihnen eine kurze Passage aus Ivo Andrićs Brief aus dem Jahre 1920 vorlesen. Er schreibt:

> Wer in Sarajevo schlaflos die Nacht im Bett verbringt, kann die Stimmen der Nacht von Sarajevo hören. Schwer und sicher schlägt die Uhr der katholischen Kathedrale zwei nach Mitternacht. Es vergeht mehr als eine Minute – genau 75 Sekunden; einmal habe ich mitgezählt –, und erst denn meldet sich, etwas schwächer, aber mit einem durchdringenden Laut, die Turmuhr der orthodoxen Kirche, und auch nach ihrem Schlag ist es genau zwei Uhr nach Mitternacht.
>
> Etwas später schlägt mit einer heiseren, fernen Stimme die Uhr am Turm der Beg-Moschee, allerdings elf Uhr, elf gespenstische türkische Stunden, festgelegt nach einer seltsamen Zeitrechnung ferner, fremder Gegenden dieser Welt. Die Juden haben keine Uhr mit Glockenschlag, Gott allein weiß, wie spät es bei ihnen ist, wie spät nach der Zeitrechnung der Sephardim und nach derjenigen der Aschkenasim. So lebt auch noch in

stockdunkler Nacht, wenn alles schläft, in der Zählung einsamer Stunden der Unterschied fort, welcher diese schlummernden Menschen trennt, die, wenn sie wach sind, Freude erleben und Leid, feiern und fasten, entsprechend vier verschiedenen miteinander im Streit liegenden Kalendern, und die alle ihre Wünsche und Gebete an einen einzigen Himmel richten, in vier verschiedenen Kirchensprachen.

Das sollte nur als Andeutung der Komplexität dienen.

Auch noch ein Wort zu den Moslems in Bosnien, die hier mit der Moschee angesprochen wurden. Die Geschichte der bosnischen Moslems wird hier in Deutschland in den Medien oft sehr unklar dargestellt. Sind es nun Slawen, sind es keine Slawen? Es gibt sehr verschiedene theoretische Ansätze zu diesem Thema. Sicher ist auf jeden Fall, daß es Slawen sind, die im Mittelalter vor und während der türkischen Invasion zum Islam übergetreten sind, zumeist nicht gezwungenermaßen, sondern aus Überzeugung. Es gab auch das Bogomilentum als häretische Bewegung innerhalb der Kirche im Mittelalter, aus der heraus viele Menschen zum Islam übergetreten sind. Die bosnischen Moslems hatten immer das Bewußtsein, Slawen zu sein, obwohl sie in der Zeit des Osmanischen Reiches Turci, also Türken, genannt wurden. Aber man wußte, das sind Slawen. Die Türken nannte man Osmanen.

Die bosnischen Moslems waren immer fest in der Kultur in Bosnien integriert, ein integraler Bestandteil, der dort nicht wegzudenken war. Nach dem Ende des Osmanischen Reiches entstand für diese Moslems ein nationales Vakuum, das damit behoben werden sollte, daß man in Jugoslawien, ganz offiziell in den sechziger Jahren, festgestellt hat: Die Moslems sollen als eigene Nationalität innerhalb Jugoslawiens anerkannt werden.

Ich sehe – dies ist mein Abschlußwort – jetzt die Tendenz, dies wieder rückgängig zu machen, indem man die Leute vertreibt und indem man ganz massiv vergewaltigt. Innerhalb des Paradigmas, in dem sie leben und die Ehre der Frau die Ehre der ganzen Familie ausmacht – in der Literatur tritt z. B. der Topos auf, daß, wenn Frauen vergewaltigt werden, ihre Männer sie töten müssen, um die Ehre der Familie zu retten –, wird, egal, wer überlebt, letzten Endes die nationale Identität der Moslems zerstört, und die Gebiete, die nun erobert werden sollen, sind dann frei von dementsprechenden Elementen. Aber wir können das sicher noch in der Diskussion ausführen.

Frau Brand: Ich leite seit ca. zehn Jahren ein Rehabilitationszentrum. Wir befassen uns im psychosozialen Zentrum in Köln mit den seelischen Folgen schwer traumatisierter Menschen, die zumeist Folter erlitten haben. Wir versuchen, die seelischen und körperlichen Folgen dieser Folterungen zusammen mit den betroffenen Opfern zu bearbeiten und zu verarbeiten, so daß diesen Menschen ein Leben von Tag zu Tag, so wie wir alle es führen können, überhaupt wieder möglich ist.

Generell können wir feststellen, daß politisch motivierte Gewalt gegen Frauen zumeist die Form grober sexueller Gewalt annimmt, wobei selbst schwerste Verletzungen in Kauf genommen werden. In einer empirischen dänischen Studie von Kollegen aus dem dänischen Rehabilitationszentrum von 1990 über zweihundertdreiundachtzig Folteropfer konnte nachgewiesen werden, daß die betroffenen inhaftierten Frauen zu achtzig Prozent sexuellen Folterungen unterzogen worden waren. Nachgewiesenermaßen litten diese Frauen in der Folge an erheblichen sexuellen Problemen in ihren Partnerschaften sowie an multiplen Phobien bis hin zu schweren Panikattacken. Diese sexuellen Folgeschäden waren bei Opfern aus

Afrika, der Türkei sowie dem Mittleren und Fernen Osten besonders ausgeprägt. Das heißt, der kulturelle Hintergrund eines Opfers spielt eine ganz entscheidende Rolle bei dem Grad der Ausprägung bestimmter Folgeschäden nach sexuellem Mißbrauch und sexueller Gewalt.
Ein sehr deutlicher Zusammenhang besteht des weiteren in bezug auf das Alter des Opfers. Je jünger die Frau oder das Kind ist, die bzw. das sexuelle Gewalt erleiden muß, um so verheerender sind die Folgen für ihre oder seine seelische und körperliche Gesundheit.
Die Genfer Flüchtlingskonvention erwähnt die Zugehörigkeit zum weiblichen Geschlecht bisher nicht als Verfolgungsgrund, obwohl uns in unserer zehnjährigen psychotherapeutischen Tätigkeit seit Jahren Frauen begegnen, die ein ähnliches Schicksal erlitten haben, wie es die moslemischen bosnischen Frauen durch serbische Soldaten derzeit erleiden. Uns sind Eritreerinnen begegnet, die wiederholt von äthiopischen Soldaten vergewaltigt worden waren, um sie als Angehörige des eritreischen Volkes zu treffen und um ihnen ein Kind zu machen, das nach ihrem Glauben der gegnerischen Gruppe angehören würde.
Der sexuelle Mißbrauch dieser Frauen galt nicht in erster Linie der politischen Gegnerin, sondern diente der Demütigung und Unterwerfung einer aktiven Frau und ihrer Sippe. Ich erinnere mich an eine junge Frau, die durch diese Vergewaltigungen schwanger geworden war und einen kleinen Sohn geboren hatte. Diese Frau war trotz besten Willens nicht in der Lage, diesem Sohn, der ja an den Verbrechen seines Vaters völlig unschuldig war, eine Mutter zu sein und ihn als Kind anzunehmen. Sie hat ihr Kind nach schweren inneren Konflikten schließlich weggegeben. Vielleicht wäre es möglich, so wie Frau Kadic es eben vorgeschlagen hat, diese traurigen Entwicklungen zu verhindern. Wenn diese Frau mit ihrem

kleinen Sohn früher Hilfe und Beratung erhalten hätte, hätte sie besser zwischen Vater und Sohn differenzieren können.
Ich würde mir wünschen, daß die betroffenen bosnischen Frauen, ihre Familien und ihre Kinder früher gezielte therapeutische Hilfe erhalten, um diese schwierigen traumatischen Verläufe zu verhindern und auch den Kindern Leid und Elend soweit eben menschenmöglich zu ersparen. Die psychotherapeutische Hilfe muß von daher auf drei Ebenen ansetzen: bei der Frau selber, bei dem Ehemann bzw. der Herkunftsfamilie und muß gegebenenfalls das neugeborene Kind mit einbeziehen.
Verfolgungsmaßnahmen sowie die Art der Mißhandlungen treffen moslemische Frauen gerade in ihrem Ehrgefühl, das für sie gleichbedeutend mit der Ehre ihrer Familie ist. Die Beratungsstellen kennen Beispiele, in denen Frauen später in der Ehe geschlagen wurden, weil die Ehemänner annahmen, daß die Frauen unter der Folter auch sexuell mißhandelt worden waren. Diese Männer empfinden Scham, als Beschützer der Familie versagt zu haben, und diese Scham schlägt um in Aggressionen gegen die ihnen eigentlich schutzbefohlene Frau – dies um so eher, wenn die Familie des Mannes ihm Vorwürfe macht.
Verstärkt werden diese Probleme durch schuldgefühlhaftes Reagieren der Opfer selber, die in masochistischer Haltung Schläge hinnehmen aus Angst, sonst von ihrer Familie oder von ihrem Ehemann ausgestoßen zu werden. Alleinstehende und/oder unverheiratete Frauen bzw. alleinerziehende Frauen, deren Ruf in den Augen der anderen durch Vergewaltigungen gelitten hat, sind z. B. im Exil in großen Sammellagern oft weiteren sexuellen Belästigungen bis hin zu Vergewaltigungen ausgesetzt, da sie ohnehin als unrein gelten.
Nicht zuletzt in diesem Zusammenhang ist die erhöhte Selbstmordneigung mißbrauchter Frauen zu verstehen. In diesem

Sinne kann der sexuelle Mißbrauch einer moslemischen Frau auch als Mord auf Raten verstanden werden. Frauen aus diesem Kulturkreis unternehmen unserer Erfahrung nach häufig Selbstmordversuche, um die vermeintliche Schande von ihrer Familie zu nehmen. Von daher ist es prognostisch günstig, wenn auch die Ausnahme, wenn Frauen den Mut aufbringen, ihre Leiden offenzulegen und ihre Vergewaltiger statt sich selber anzuklagen.

Neben dieser erhöhten Depressionsneigung und der damit verbundenen Apathie, den Selbstmordgedanken und durchgeführten Selbstmordversuchen gibt es eine Reihe weiterer typischer Symptome, von denen Frau Bassler eben schon einige genannt hat. Zu nennen sind an erster Stelle die Zerstörung des Körpergefühls der Frau, verschiedenste psychosomatische Erkrankungen und eine allgemein herabgesetzte Abwehrkraft, so daß es auch bei leichten Belastungen häufig zu schweren Infekten kommt, schwere Gedächtnisstörungen, Amnesien und Konzentrationsschwächen. Weiterhin treten häufig Schlafstörungen, verbunden mit Alpträumen und Angstzuständen, auf, in denen die Folterungen erneut durchlebt werden. Tendenzen zum Alkohol- und Medikamentenabusus sind festzustellen. Häufige Folgen sind weiterhin Verkrampfungen im Muskelbereich bis hin zu psychogenen Lähmungen, gehäufte Partnerschaftskonflikte in vorher intakten Familien. Wir haben in unserer Beratungsstelle festgestellt, daß Frauen nach Vergewaltigungen oft starke Neigungen zu Fehlgeburten zeigten und Schwierigkeiten hatten, Kinder auszutragen.

Ich möchte mich jetzt nur noch kurz fassen und zusammenfassend sagen, daß in der therapeutischen Behandlung dieser Störungen natürlich von großer Schwierigkeit der Umstand ist, daß mißbrauchte Frauen, wie eben deutlich geworden, nur sehr schwer über diese Dinge sprechen können, weil sie oft

befürchten, sich selbst das Leben nehmen zu müssen, wenn ihre Schande offengelegt wird. Diejenigen Frauen, die hier zu uns ins Exil kommen und um Asyl nachsuchen, stehen ebenfalls vor großen Schwierigkeiten, denn sie treffen oft auf männliche Anhörer und auf männliche Dolmetscher und können bei der Anhörung ihre individuellen Verfolgungstatbestände nicht offenlegen. Wenn sie vor dem Verwaltungsgericht dann doch sprechen, gilt dies oft als gesteigertes Vorbringen und ist nicht asylrelevant. Diese Frauen sind oft besonders verbittert, weil ihre Schande nun offengelegt ist, ohne daß sie Schutz vor Abschiebung erhalten hätten.
Abschließend möchte ich wirklich sehr unterstützen, was Frau Kadic eben gefordert hat, nämlich die Einrichtung von Rehabilitationszentren vor Ort. Ich halte das für ganz wichtig. Darüber hinaus ist das psychosoziale Zentrum in Köln zu jeder Hilfe für die Frauen, die hier in die Bundesrepublik kommen, um hier Schutz vor Verfolgung zu suchen, bereit. Wir möchten diesen Frauen im Rahmen unserer Möglichkeiten Rehabilitationsmaßnahmen anbieten, bitten dabei aber, daß entsprechende ausländerrechtliche Maßnahmen getroffen werden, daß die Frauen auf Dauer in die Nähe des Zentrums eingewiesen werden und nicht, wie es bis jetzt geschieht, daß ständig alle zwei Monate erneut Überprüfungen wegen Umverteilungen stattfinden.

Frau Erdl (amnesty international): Ich möchte vorwegnehmen, daß *amnesty* gegenwärtig mit Ermittlungsteams vor Ort bemüht ist, Licht in die verwirrenden und bestürzenden Berichte über Massenvergewaltigungen zu bringen. Diese Berichte bereiten *ai* größte Sorge. Dennoch kann ich mich jetzt nur auf das, was wir gesichert vorliegen haben, sprich: was speziell Bosnien angeht, auf eine sehr dünne Informationsdecke beschränken.

Als unabhängige und mit zuverlässig recherchierten Berichten arbeitende Organisation sind wir darauf angewiesen, authentische Informationen möglichst von den Betroffenen selbst oder aus deren Umfeld zu erhalten. Dies ist in der gegenwärtigen unübersichtlichen Lage in Ex-Jugoslawien extrem schwierig. Namenslisten alleine reichen uns verständlicherweise nicht aus.
Ein großer Teil der auch hier in der Bundesrepublik veröffentlichten Medienberichte hat sich bei Überprüfung durch *amnesty*-Rechercheure vor Ort als unwahr oder irreführend herausgestellt. Es fällt auch uns sehr schwer, zwischen Tatsachenberichten, Gerüchten, Übertreibungen und wechselseitiger Propaganda zu unterscheiden, ohne Fehlinformationen aufzusitzen. Die Ergebnisse unserer bisherigen Recherchen vor Ort hat *amnesty* in vier Länderberichten festgehalten, die der Öffentlichkeit vorgelegt wurden. Ich bitte um Nachsicht, wenn wir momentan nur auf der Grundlage gesicherter Informationen, also nur fragmentarisch, über die Vorfälle in Bosnien berichten können.
Warum ist im Falle der bosnischen Frauen das Entsetzen so groß, während bei Kuwait und Birma – beides Beispiele aus jüngster Zeit –, bei Äthiopien, Peru und anderen repressiven Staaten niemand aufhorchte, als *ai* und andere Menschenrechtsorganisationen Vergewaltigungen an Zivilistinnen und weiblichen politischen Gefangenen anprangerten? Ist es die Tatsache, daß uns diesmal die Medien die Grausamkeiten mit schrecklichen Bildern und Zeugenaussagen deutlicher vor Augen führen, als dies nüchterne Berichte können, die ohne Emotionen auf Fakten hinweisen? Oder ist es die Nähe dieses Konfliktes mitten in Europa, wo wir solcherlei für nicht mehr möglich gehalten hatten? Oder ist es schließlich das alarmierende Ausmaß der Vergewaltigungen in einem Krieg, der sich an Brutalität kaum noch überbieten läßt, das uns jetzt wach-

rüttelt? Daß endlich Öffentlichkeit für frauenspezifische Menschenrechtsverletzungen entstanden ist, begrüßen wir. Daß es eines so verabscheuungswürdigen Anlasses bedurft hat, ist mehr als beschämend.

Auch unsere Organisation geht auf Grund der vorliegenden Berichte davon aus, daß Vergewaltigungen in Bosnien-Herzegowina ein großes Ausmaß erreicht haben und ein enormes Problem darstellen. Betroffen sind Frauen aller Altersgruppen. Sie werden als Kriegsbeute angesehen und sowohl innerhalb als auch außerhalb von Lagern wie Freiwild mißbraucht. Die Täter sind nach unseren Erkenntnissen auf serbischer Seite, aber auch auf kroatisch- und moslemisch-bosnischer Seite zu finden.

In Bosnien und anderen Teilen des ehemaligen Jugoslawien geschieht zur Zeit genau das, was seit Jahren als spezifisches Muster der Menschenrechtsverletzungen an Frauen zu erkennen ist, und zwar in erschreckend gebündelter Form. Frauen werden in Haft- und Verhörsituationen – neben den Foltermethoden, die ihre männlichen Leidensgenossen ebenso zu erdulden haben – oft auch in ihrer Eigenschaft als Frauen erniedrigt und zerstört: durch sexuelle Gewalt, die schwangere Frauen, noch unberührte Mädchen, alte Frauen, unbeteiligte Zivilistinnen und politische Aktivistinnen gleichermaßen trifft.

amnesty kann zum gegenwärtigen Zeitpunkt nicht aus eigener Recherche bestätigen, daß Vergewaltigungen systematisch als Kriegswaffe eingesetzt werden. Uns liegen dafür keine stichhaltigen Beweise vor, allerdings auch keine Gegenbeweise, wie ich ausdrücklich betonen möchte. Wie eingangs erläutert, sind unsere Ermittlungen auch noch im Gange, und ich kann deren Ergebnissen nicht vorgreifen. Das gilt auch für die Fragen drei und fünf, die ich aus den gleichen Gründen auslassen möchte.

Vergewaltigungen und sexueller Mißbrauch von Frauen drohen nach Erkenntnissen von *amnesty international* immer dann, wenn in einem repressiven System, in Krieg, Bürgerkrieg oder im Kampf um die sogenannte innere Sicherheit Gewaltmethoden in den Vordergrund treten und sogenannte männliche Werte übersteigert zum Tragen kommen. Frauen werden als politische Gegnerinnen, also wegen ihrer eigenen Person, Überzeugungen oder Aktivitäten, aber auch mittelbar als Mütter, Ehefrauen, Schwestern oder Töchter verfolgt, um Druck auf ihnen nahestehende Männer auszuüben. Sie werden auf diese Weise als weibliche Geiseln mißbraucht.

amnesty international hat in den vergangenen Jahren zudem aus verschiedenen Ländern berichtet, daß schwangere Frauen gezielt vergewaltigt und auf andere Weise gefoltert wurden, was dann oft zu Fehlgeburten führte. Auch sind *ai* viele Fälle bekannt, in denen Frauen durch sexuellen Mißbrauch in der Haft schwanger und dann sich selbst überlassen wurden. Die seelischen Belastungen solcher Frauen sind unvorstellbar.

Sexuelle Gewalt gegen Frauen in der Haft oder in militärischen Konflikten beobachtet *amnesty* in allen Teilen der Welt, nicht nur in Bosnien. Massenvergewaltigungen bei Dorfrazzien und sexuelle Übergriffe gegen weibliche Gefangene sind beispielsweise in Indien weit verbreitet. Zu zahlreichen Vergewaltigungen kommt es auch bei Offensiven der peruanischen Armee. Sexuelle Angriffe und Demütigungen müssen auch Frauen aus den israelisch besetzten Gebieten, aber auch aus Griechenland und Nordirland erleiden. Immer wieder werden weibliche politische Gefangene in der Türkei sexueller Folter ausgesetzt. Diese Liste ließe sich leider noch lange fortsetzen.

Über eine Zu- und Abnahme solcher Gewaltpraktiken kann *amnesty international* keine zuverlässigen Angaben machen. Festzuhalten bleibt aber, daß viele Soldaten, Polizisten oder Paramilitärs gezielt auf Vergewaltigungen als einfachstes Repressionsmittel zurückgreifen, da sie in der Regel mit der Verschwiegenheit ihrer Opfer rechnen können. Nur sehr wenigen Frauen ist es nach solchen Erfahrungen möglich, Aussagen über das Geschehene zu machen, sei es aus Angst vor weiteren Repressionen, sei es aus Scham oder aus Angst, gesellschaftlich geächtet und isoliert zu werden. Die Öffentlichkeit ist ihrerseits meist nur zu geneigt, die Vorwürfe als einmalige Entgleisung abzutun. Sexuelle Gewalt gegen Frauen ist in vielen Staaten nach wie vor ein Tabuthema in Politik und Gesellschaft.

Der vorsätzliche Rückgriff auf Vergewaltigung als Foltermethode blieb lange unbeachtet. Die Motive waren und sind indessen klar: Frauen sollen – für die Täter straflos – gedemütigt, eingeschüchtert und in ihrer Persönlichkeit gebrochen werden. Häufig werden die Betroffenen später aus ihrer Gemeinschaft ausgeschlossen, da sie als entehrt gelten. Ihnen droht die Isolation. Dies war beispielsweise bei vielen kuwaitischen Frauen der Fall, die während der irakischen Besatzungszeit von feindlichen Soldaten vergewaltigt worden waren. Ein normales und geregeltes Leben ist für Frauen in dieser Situation meist nicht mehr möglich.

Wie bereits geschildert, soll mit der Verfolgung der Frau oft auch ein ihr nahestehender Mann getroffen werden. Dies gilt für Vergewaltigungen in ganz besonderem Maße. Die Auswirkungen für Väter, für Ehemann, Bruder oder Sohn sowie generell auf die Familie einer vergewaltigten Frau sind in den meisten Fällen katastrophal.

Die Ausführungen machen deutlich, daß dringender Handlungsbedarf besteht, den verfolgten Frauen Bosniens, aber auch Betroffenen aus anderen Landesteilen zu helfen. Von den vielen Maßnahmen, die jetzt sinnvollerweise ergriffen werden können und müssen – so wie beispielsweise Frau Kadić sie eben angeführt hat –, möchte ich nur diejenigen herausheben, die im Zuständigkeitsbereich unserer Menschenrechtsorganisation liegen. Eine wichtige Hilfe für die Frauen und Mädchen im Krisengebiet, aber auch in anderen Ländern, in denen Vergewaltiger in Uniform straflos ihr Unwesen treiben, wäre sicherlich die Enttabuisierung des Themas sexuelle Gewalt gegen Frauen. Solange niemand über die schrecklichen Vorfälle redet und die betroffenen Frauen ihrerseits gesellschaftliche Sanktionen zu befürchten haben, wird sich der Teufelskreis von Gewalt und Straflosigkeit nicht durchbrechen lassen. Nur eine eindeutige Verurteilung durch die öffentliche Meinung und eine konsequente Strafverfolgung der Täter können das deutliche Signal setzen, daß derartige Grausamkeiten nicht länger geduldet werden. Vergewaltigungen in Polizeiwachen, in Gefängnissen, Lagern oder in Kriegszonen dürfen nicht länger als vernachlässigbare Menschenrechtsverletzungen angesehen werden, sondern müssen als das benannt werden, was sie tatsächlich sind: eine schwere Form von Folter, die Frauen körperlich und seelisch zugrunde richtet.

Ich möchte eine weitere Forderung anschließen: Wir dringen seit Jahren auf die Benennung einer Sonderberichterstatterin der UNO-Menschenrechtskommission für den Bereich Menschenrechtsverletzungen an Frauen. Dies würde der großen Anzahl frauenspezifischer Haftgründe, Foltermethoden und Fluchtursachen besser Rechnung tragen. Die Forderung nach einer solchen UNO-Sonderberichterstatterin ist zwar 1989 von Parlamentarierinnen des Bundestages in einem Entschließungsantrag übernommen worden, auf die konkrete Durchsetzung ist indes nur wenig Energie verwendet worden. Es gibt diese Institution bis heute nicht. Solange sich keine Sonderberichterstatterin der Vergewaltigungen in Krisengebieten annehmen kann, dringen wir darauf, den UNO-Sonderberichterstatter zu Jugoslawien, Herrn Mazowiecki, in

seinen Untersuchungen speziell zu diesem Thema zu unterstützen. Er muß vor allem adäquat ausgestattet werden – sowohl personell als auch technisch –, um diesem Auftrag überhaupt gerecht werden zu können. Bislang ist dies nach unseren Informationen in keinster Weise der Fall.
Ein letztes Anliegen, das die besondere Schutzbedürftigkeit weiblicher Flüchtlinge, insbesondere vergewaltigter Frauen, die vor staatlicher Gewalt fliehen, betrifft: Es ist sicherzustellen, daß wegen ihres Geschlechts verfolgte Frauen sichere Aufnahme sowie einen rechtlich geschützten Status erhalten. Wenn die Aufnahmekapazitäten Kroatiens durch die große Zahl der bosnischen Flüchtlinge erschöpft sind, muß die internationale Staatengemeinschaft schnell und unbürokratisch helfen. Dies betrifft auch die Bundesrepublik, die unverständlicherweise noch immer an einer Visumpflicht für Flüchtlinge aus Bosnien-Herzegowina festhält. Auch hier tragen wir eine Mitverantwortung, Menschenrechtsverletzungen an Frauen wahrzunehmen, unsere Empörung zu artikulieren und effektive Gegenmaßnahmen zu ergreifen.

Dr. Rupert Neudeck (Cap Anamur): Meine Damen und Herren, ich bin außerordentlich empört über den Brief des IKRK, des Internationalen Komitees vom Roten Kreuz, den ich hier vorfinde und in dem steht: »Im ehemaligen Jugoslawien erfüllt unsere Institution dieses Mandat schon seit dem Ausbruch der Feindseligkeiten.«
Meine Damen und Herren, ich kann Ihnen nur sagen: Im Moment gibt es nur einen einzigen Ausdruck, der für diesen Konflikt und für das Ausmaß von Menschenrechtsverletzungen zureichend ist, und das ist das Wort des leider nicht anwesenden Tadeusz Mazowiecki: »Das alles, was in den letzten Monaten geschehen ist, ist eine Schande für Europa.« Liebe Kollegen von *amnesty international*, ich finde – der ich

auf dem Humus von *amnesty* groß geworden bin – Ihre Aussagen und Ihre Stellungnahme völlig unzureichend. Sie können Politiker nicht wegen ihrer nicht zureichenden Schnelligkeit und wegen ihrer nicht zureichenden unbürokratischen Weise ans Schienbein treten, wenn Sie mit sich selbst ein solches Kompetenzgerangel anstellen. Das ist unerträglich.

Sie können nicht auf die Vollständigkeit von Informationen warten, wenn die zureichenden Informationen für uns alle vorhanden sind.

Ich will auf die historischen Parallelen, die jemand, der wie ich Deutscher ist, besonders berücksichtigen muß, gar nicht erst verweisen. Aber wir können so nicht weitermachen. Wenn wir erst einmal auf die systematische, akademisch vollständige, bis ans Ende geführte Recherche warten, dann sind die Frauen endlich alle tot. Wir haben dann die Befriedigung, daß wir unsere Kompetenzen und unsere »Zuständigkeitsbereiche« eingehalten haben. Was ist das für eine humanitäre Organisation?

Ich kann als Mann, der ich es nun einmal bin, nur sagen: Die Männer sind in dieser Situation entweder Täter oder teilnehmende Beobachter. Deshalb möchte ich das, was ich sagen will, auch ganz kurz machen und Ihnen etwas aus der Praxis mitteilen – ich glaube, dieser Part fehlt in der Situation, in der wir uns jetzt befinden, noch: Ich möchte gerne ausführen, welche möglichen und wirklichen Hindernisse einer Arbeit – heute, morgen und in den nächsten Monaten – in Kroatien, die den Aufbau solcher Zentren verfolgt und die von Frau Kadic und Frau Brand schon verschiedentlich angesprochen wurden, gegenüberstehen. Das erste und größte Hindernis ist, daß der Krieg weitergeht und daß wir uns nicht in einer Situation befinden, in der die Geschehnisse zu Ende sind und wir uns ans Behandeln, ans Heilen

begeben können. Der Krieg, die Massenvergewaltigungen, die Empfängniserzwingungen gehen heute und morgen und in dieser Nacht weiter.
Ich war in Vincovci und habe dort Frauen gesprochen, die mir sagten, sechzehn Kilometer nordöstlich von dort befinde sich in Negoslawski ein Frauenlager mit mehr als zweihundert Frauen, die dort nicht nur in Haft sind, sondern weiter geschändet, mißhandelt, gefoltert, vergewaltigt werden. Wir können das offenbar nicht beenden. Noch einmal zitiere ich Tadeusz Mazowiecki: »Es ist eine Schande für Europa.« – Das ist das allergrößte Hindernis; denn wir sind nicht in der Lage, dem Strom von Menschen, der jetzt kommt, ein Ende zu bereiten.
Zweitens: Ich möchte etwas klarstellen, auch weil es in unserer Gesellschaft einige Schlaumeier gibt, die anrufen und sagen: »Ha, ha, das kann doch alles gar nicht sein; Ihre Zahlen können gar nicht stimmen; denn der Krieg in Bosnien hat erst am 6. April angefangen.« – Die Tragödie fängt in ihrem äußersten Ausmaß erst jetzt an, d. h. die Auswirkungen der Vergewaltigungen, die nicht nur einmalige Mißhandlungen sind, sondern mehrere Schübe von Gewalttätigkeiten beinhalten, die die Frauen mit sich selbst ausmachen müssen, fangen jetzt erst an. Das, was wir jetzt in den Kliniken erleben, sind lediglich die Folgen der nicht zureichend öffentlich gemachten Vergewaltigungen, die es schon in Vukovar und an anderen Orten im kroatischen Krieg gab. Aber das dicke Ende kommt ja erst jetzt.
Eine dritte Schwierigkeit, die ich nicht verheimlichen kann, sondern Ihnen mit Nachdruck und außerordentlich klar sagen möchte – sie wird heute verwischt: Auch die kroatische Seite ist nicht immer gerne bereit, bosnische und muslimische Flüchtlinge aufzunehmen oder sie in ihren eigenen Mauern pfleglich, hilfreich, humanitär, meinetwegen auch aus christ-

lichen Gesichtspunkten heraus, aufzunehmen. Auch dies ist leider keine Selbstverständlichkeit, trotz des sehr begrüßenswerten Appells des Kardinals gestern in Zagreb. Ich bitte sehr darum, daß Kroatien seine Rolle dabei wahrnimmt und nicht vergißt, daß es gerne – auch wir möchten dies – zu Europa gehören möchte.

Eine weitere Schwierigkeit ist, daß es für diese Arbeit bisher keine Präjudizien, keine Vorbilder und Modelle gibt. Wir können lediglich auf Institute wie das, dem Frau Brand angehört, zurückgreifen. Dennoch können wir nicht das ganze Ausmaß dessen, was hier quantitativ und qualitativ an neuem vor uns liegt, erkennen. Auch ich weiß von den eritreischen Fällen. Aber nach meiner Kenntnis – ich bitte all die um Korrektur, die daran zeitgeschichtlich arbeiten – gab es in noch keinem Krieg oder Bürgerkrieg, weder in Afrika noch in Lateinamerika, Asien oder Europa eine solch massenhafte Benutzung dieser Waffe Vergewaltigung und Empfängniserzwingung. Ich kenne so etwas aus einem anderen Land noch nicht. Deshalb werden wir bei dieser Arbeit sehr viel lernen müssen.

Um konkret auszuführen, was ich eben allgemein gesagt habe, folgendes: Schon beim Mieten zweier Hotels im Umkreis von Zagreb haben wir eine erste »Gelbe Karte« bekommen, mit dem Hinweis, daß die Hilfe wohl mehrheitlich für bosnische Frauen gedacht sei und daß sich das staatliche Amt, das die Genehmigung dafür ausgeben muß, deshalb zurückhaltend verhalte. Ich bitte die anwesenden Abgeordneten sehr darum, den politischen Druck, den die Bundesrepublik Deutschland in Zagreb auszuüben in der Lage ist, sehr angelegentlich, sehr heftig und intensiv, möglichst von heute ab, dort zu führen. Wir brauchen den flankierenden politischen, auf humanitäre Maßnahmen weisenden Druck in Zagreb.

Wir brauchen diesen Druck in Zagreb – das ist mein nächster

Punkt –, weil wir die Zentren in Bosnien selbst gerne dezentral führen möchten. Aber wie Sie alle wissen, ist die Kriegssituation im Moment nicht gerade dazu angetan, uns an sichere Zonen heranzulassen. Außerdem erlebt man das eben für kroatische Regierungen geschilderte Problem auch in Bosnien-Herzegowina, wobei die Betonung auf Herzegowina liegt. Kurz: Wir werden mit Zagreb beginnen müssen.
Ich darf auf ein weiteres Problem hinweisen, was Ihnen aus meinem Munde wahrscheinlich ganz komisch vorkommt. Wir werden ein Problem mit etwas haben, das mit meinem Beruf zusammenhängt, nämlich mit den Medien. Wir brauchen künftig, verdammt noch mal, ein bißchen mehr Mediendiskretion. Es ist unserer Arbeit in Zagreb oder in anderen Orten nicht förderlich, wenn jede Zeitung und jeder kleine Sender kommt und die original vergewaltigte Bosniakin vor die Kamera bekommen möchte. Das ist eine unerträgliche Situation, zumal für die, die die Arbeit tun wollen. Für die Betroffenen ist das natürlich noch viel furchtbarer. Ich bitte sehr darum, daß man – was schon jetzt beginnt – auch nicht löchert und fragt, wo denn dieses Zentrum ist. Es ist sehr wichtig, daß dieses Haus Schutz und Ruhe bietet, wo diese Frauen mit ihren Kindern erst einmal wirklich zur Ruhe kommen können. Dies ist wahrscheinlich überhaupt die allererste Hilfe, die man anbieten kann. Ein weiterer Weg fällt mir gar nicht ein.
Eine letzte Bemerkung: Wen braucht man zur Beseitigung der Hindernisse? Wir brauchen für diese Arbeit – das haben meine Vorrednerinnen schon zureichend angedeutet – natürlich keine deutschsprechenden Psychiater. Wir brauchen diese Fachrichtung wahrscheinlich nicht einmal im engeren Sinne. Wir brauchen Menschen, die auf Grund eines paraprofessionellen Zugangs zu diesem Problem in der Lage sind, mit solchen Menschen umzugehen, und die ihre Sprache spre-

chen. Jegliches therapeutisches Gespräch oder auch nur paratherapeutisches Bemühen um diese mißhandelten Menschen, das übersetzt werden muß, ist Nonsens. Aber – das darf ich Ihnen erzählen – es gibt keinen Nonsens, der nicht vorkommt. Dies gilt auch für Zagreb.

Wir suchen also Ärztinnen, möglichst auch aus der Bundesrepublik, die kroatischer oder bosnischer Herkunft sind. Wir suchen Krankenschwestern der gleichen Herkunft. Wir brauchen diese Frauen für diese Arbeit. Natürlich muß es das Ziel sein, in diesen Zentren ausschließlich Frauen als Betreuungspersonen zuzulassen. Das ist ja ganz selbstverständlich. Ich glaube, es erübrigt sich, das überhaupt zu erwähnen. Wichtig ist, daß diese Zentren jetzt bald ihre Arbeit aufnehmen. Es ist auch wichtig, daß wir das Risiko dieser erstmaligen Aktion möglichst schnell eingehen. Gerade in dieser Sache ist Eile geboten, auch auf das Risiko von Fehlern hin, die man machen kann.

Ich möchte abschließend sagen: Ich bin zum zweiten Mal in meinem Leben in der Situation, daß ich etwas geographisch wiedererkenne. Ich bin als Sechsjähriger mit meiner Mutter, mit meiner Großmutter, mit meiner Tante und einer älteren Schwester auf der Flucht gewesen: von Danzig-Langfuhr über Gdingen, was damals noch den schrecklichen Namen Gotenhafen trug, und über Stargard bis nach Berlin. Wir waren andauernd in der Situation, daß die Frauen aus dem Kreis unserer Familie die furchtbare Gefahr liefen, vergewaltigt zu werden. Und es passierte auch. Ich glaube, daß Deutsche vielleicht deshalb einen sehr guten Zugang zu dieser Frage haben.

Ich möchte aber auf folgenden Unterschied hinweisen und damit enden: Es handelt sich hier nicht um Vergewaltigungen in der Schlußcoda eines Krieges, die nach Ilja Ehrenburg auf Grund eines Aufrufes als Enthemmung und Entlastung geschehen. Es geht um viel mehr. Es geht nach allen zureichenden Berichten, nach den Aussagen aller Frauen, die hier sprechen durften, darum, daß Vergewaltigungen massiv zur Zerstörung einer Gesellschaft eingesetzt werden. Das ist etwas, was wir mit unserem blöden Sprachgebrauch »unvorstellbar« nennen. Wir müssen in dieser Welt, so wie sie ist, darauf hinweisen, daß alles das, was wir »unvorstellbar« nennen, vorstellbar ist und daß alles, was wir »unmenschlich« nennen, leider menschlich ist.

Herr Zülch (Gesellschaft für bedrohte Völker): Sozusagen außer der Reihe möchte ich zunächst einmal der Hilfsorganisation *Cap Anamur* danken. Ich denke, sie ist eine Organisation, die ins 21. Jahrhundert weist, denn sie hilft unbürokratisch und völlig unabhängig von irgendwelchen Meinungen, Vorurteilen und Ressentiments großer Teile der Öffentlichkeit. Sie ist mit einigen wenigen anderen immer dort, wo andere noch nicht sind, und macht dann auch noch zur rechten Zeit eine wirklich fortschrittliche Menschenrechtspolitik; denn sie nennt die Dinge beim Namen und sagt immer wieder klare Worte. Für die *Gesellschaft für bedrohte Völker* möchte ich diesen Dank hier einmal bei *Cap Anamur* abstatten.
Wir sprechen über Vergewaltigungen von vielleicht fünfzigtausend, vielleicht sechzigtausend, möglicherweise – wie einige sagen – bereits von mehr als hundertfünfzigtausend Frauen. Wir haben auf diese Diskussion lange gewartet. Die *Gesellschaft für bedrohte Völker* hat auf die Vergewaltigungen und auf deren zunehmende Systematik schon seit vielen Monaten hingewiesen. Ich möchte noch einmal daran erinnern, daß etwa der jüdisch-amerikanische Journalist Gutman – wohl der erste Spezialist auf dem Gebiet des Genozids, der sehr viel mehr weiß als alle Institutionen des Westens, die auf diesem

Gebiet tätig sind – gemeinsam mit dem ostdeutschen Kameramann Kaiser, der als Deutscher den Mut hatte, in diese Gebiete zu gehen, spätestens Anfang August eine ganze Reihe von führenden deutschen Nachrichtenmagazinen, die Zeitung *Emma* und andere auf diese Situation hingewiesen hat. Seine Berichte sind weltweit gelaufen. Man hat sie, gerade auch in Deutschland, nicht beachtet.

Mir liegt die UN-Konvention gegen Völkermord am Herzen. Wir haben diese Konvention als Fazit aus den Verbrechen des Dritten Reiches zwar einmal angenommen, verwenden sie aber nie und nirgends. Wenn wir das Schicksal dieser Konvention betrachten, dann können wir ungefähr ermessen, was passiert, wenn wir endlich eine Konvention gegen Vergewaltigungen durchsetzen. Mit anderen Worten: Zentrales Anliegen sollte immer die Unterstützung der Opfer und das Abstoppen des Wahnsinns sein. Erst dann kann die theoretische, die gesetzmäßige Arbeit an solchen Konventionen, so wichtig dies auch ist, kommen.

Wir sehen uns hier mit einer ganz konkreten Situation konfrontiert. Wenn ich einzelne Etappen dieses Genozid-Verbrechens kurz skizziere, mögen Sie selber entscheiden, inwieweit dieses Genozid-Verbrechen an die Situation der jüdischen Bevölkerung bis etwa 1940 – dieser Zeitpunkt ist in etwa vergleichbar – erinnert. Ich will deshalb ganz deutlich sagen: Diese fünfzig-, sechzig- oder hundertfünfzigtausend Frauen verstehen sich nicht nur als Frauen, sondern gerade in Bosnien verstehen sie sich als Mütter von Kindern, als Schwestern von Brüdern, als Schwägerinnen. Dieses Leiden der Frauen ist nur ein Teil des Leidens des bosnischen Volkes.

Es fällt auf – darauf hat Gutman immer wieder hingewiesen –, daß junge Frauen zwischen fünfzehn und fünfundzwanzig Jahren unter den Flüchtlingen und Vertriebenen extrem unterrepräsentiert sind, daß sie sozusagen fehlen. Wir wissen, daß das bosnische Volk verstreut wird – von Malaysia bis Kanada werden Menschen aufgenommen –, ein furchtbares Schicksal. Unter ihnen sind relativ wenige junge Frauen. Die *Gesellschaft für bedrohte Völker* schätzt, gemeinsam mit dem *Zentrum für die Erfassung von Kriegsverbrechen und Genozid* in Zenica in Zentralbosnien – ein Institut, das seit Monaten völlig unauffällig arbeitet und im Grunde die Arbeit macht, die Herr Wiesenthal für die jüdischen Opfer gemacht hat –, daß in Bosnien etwa zweihunderttausend Menschen ermordet worden sein könnten. Das sind zwar Schätzungen und Hochrechnungen, aber es gibt inzwischen – das muß man betonen – sehr, sehr viel statistisches Material.

»Ethnische Säuberung« ist ein furchtbares Wort, meint aber eigentlich nichts anderes als die Verdrängung der nichtserbischen Bevölkerung aus den Gebieten, den souveränen Staaten und autonomen Regionen, die Serbien für sich beansprucht, um ein Großserbien zu schaffen. Wir sollten uns nichts vormachen. In Kroatien sind keineswegs nur die Kroaten Opfer dieser Politik. Auch die Ungarn Kroatiens, die slawonischen Italiener, die Ukrainer, die Ruthenen, die Tschechen, die Slowaken und die letzten Donauschwaben sind Vertriebene und Flüchtlinge. In Bosnien – das läßt sich nachweisen – sind die bosnischen Moslems natürlich die ersten Opfer. Aber mit ihnen leiden auch die kroatische Bevölkerung außerhalb der Herzegowina, die bekanntlich von Kroaten beherrscht wird. Mit ihnen leiden auch die Roma, die in Bosnien zu neunzig Prozent Moslems sind. Man muß davon ausgehen, daß unter den Opfern auch viele Tausend Roma sind. Natürlich hat sie bisher keiner gezählt; das ist auch schwierig, weil ihre Namen denen der Moslems gleichen. Bei den Erfassungen hat man keinen Wert darauf gelegt, festzuhalten, ob es sich um einen muslimischen Roma oder um einen sonstigen bosnischen Moslem handelt.

Mit der Bezeichnung der »ethnischen Säuberung« kommen wir weg vom Begriff der Kriegsgefangenen. *amnesty international* hat im letzten Bericht von »Kriegsgefangenen« gesprochen. Der ganz große Teil der Menschen, die sich in Konzentrationslagern – ich muß ausdrücklich betonen: es handelt sich um Vernichtungslager – befinden, sind Zivilgefangene, die direkt aus ihren Häusern in die Vernichtungslager verschleppt worden sind. Die große Mehrheit der kroatischen und muslimischen Dörfer ist zerstört. In großen Teilen des östlichen, westlichen und nördlichen Bosniens sind diese Dörfer überfallen, häufig mit Artillerie angegriffen worden oder einfach von Tschetniks und Armeeverbänden umzingelt worden, ohne daß sich die Einwohner verteidigen konnten. Die führenden Persönlichkeiten hat man häufig schon an Ort und Stelle liquidiert, hat die männliche Bevölkerung in Konzentrationslager verschleppt und auf dem Wege in die Lager sehr häufig einzelne Massaker und Exekutionen begangen.
Es gibt ein ausgeklügeltes System von Konzentrations- und Vernichtungslagern. In all diesen Lagern waren jeweils serbische Offiziere präsent; das sind also keine Zufälligkeiten. Es gab Lager in Omarska, in Keraterm, in Luke-Brčko, wo Tausende – in Omarska tausend bis zweitausend Menschen – ermordet worden sind. In Omarska sind etwa tausend bis zweitausend Menschen verschwunden; in Keraterm, so die Schätzungen, sind es zwischen fünfhundert und tausendfünfhundert Menschen; in Luke-Brčko sind es bis zu dreitausend Menschen. Letzteres Lager soll angeblich nur tausend Menschen gefaßt haben; d. h., man muß davon ausgehen, daß das Lager dreimal ausgemordet worden ist. Das Traurige ist: Die Betroffenen gelten in solchen Fällen nichts. So wie die muslimischen Bosnier, die Hauptopfer, nicht vorgesehen waren, hier sprechen zu dürfen, und wie wir eines der beiden Vergewaltigungsopfer noch immer nicht gehört haben, so kamen

bosnische Menschenrechtsorganisationen international nicht zu Wort.

Es wiederholt sich, was schon Ende Mai und Anfang Juni geschah. Ein Report mit Verzeichnissen von hundertzwanzig Lagern, mit mehr als hunderttausend Opfern und angeblich schon damals neuneinhalbtausend Ermordeten wurde an die Vereinten Nationen, an den UNHCR, an das Rote Kreuz und, so denke ich, auch an *amnesty international* geschickt. Alle diese Organisationen – ausnahmsweise schließe ich, auch wenn es mir weh tut, eine Organisation wie *amnesty*, die ich mehr schätze als fast jede andere Organisation in dieser Welt, ein – haben die Zeit nicht genutzt. Der UNHCR und das Rote Kreuz haben gemeinsam mit den Vereinigten Staaten und größeren Teilen der Friedensbewegung über Monate wider besseren Wissens das Verbrechen des Völkermordes auf einer Seite mit den Menschenrechtsverletzungen und mit schweren Kriegsverbrechen auf der anderen Seite gleichgesetzt. Wohin wären wir, bitte schön, im letzten Krieg gekommen, wenn man nicht zwischen Auschwitz und den furchtbaren Verbrechen, die Deutschen und anderen auf seiten der Deutschen angetan worden sind, unterschieden hätte, so daß man gesagt hat, die Urheberschaft liege bei den Nazis und sie müsse man bekämpfen?

Zum Stichwort der Deportationen. Im Sommer 1992 wurden die Babys, die Frauen, die Kinder, die Schwachen, die Alten, soweit man sie nicht liquidiert hatte, in geschlossenen Güterzügen bei heißer Sonne – wir waren in dieser Zeit wohl überwiegend in den Ferien – durch Bosnien geschafft, hin und her. Die Wagen blieben manchmal tagelang stehen, wurden dann geöffnet, und es kamen vielfach Tote heraus. Eine andere Art der Deportation geschah mittels Bussen und Lastwagen, in denen man überwiegend die nichtmännliche Bevölkerung verschob. Seitdem bedauerlicherweise die kroatische

Grenze geschlossen wird, gibt es nur noch ein Loch, oberhalb von Travnik, wo diese Menschen ausgeleert werden, nachdem man zwischendurch immer wieder vor allem männliche Gefangene erschossen hat. Denn die Parallele zu den Vergewaltigungen der Frauen ist die Ermordung der jungen bosnischen Männer im waffenfähigen Alter. Das läuft in großem Ausmaß. Zwischen Travnik und diesen Straßen, auf denen die Menschen angekarrt werden, befindet sich das Sesnica-Gebirge. Dort gibt es spezielle uniformierte serbische Greifkommandos – Herr Gutman hat sie vor drei, vier Wochen kennengelernt –, die keine Abzeichen tragen und diese zerstörten Menschen noch einmal durchsuchen, verletzte Frauen, die ihnen gefallen, herausnehmen, ältere und verletzte Männer oft die Hänge hinunterstürzen. Allein dort soll sich ein Massengrab von zwischen zweitausend und fünftausend Menschen befinden. Es gibt inzwischen eine lange Liste mit Massengräbern, die man endlich nachprüfen muß. In Vukovar, in Kroatien, hat sich ihre Existenz bestätigt.
Ich möchte ein Wort über die zurückgebliebenen Moslems in Ost-, West- und Nordbosnien sagen. Ich möchte auf einen bestimmten Bezirk eingehen, nämlich auf Prijedor, aus dem eine Frau, die hier war, stammt. Dort gab es unter hundertzwanzigtausend Bewohnern siebenundsechzigtausend Nichtserben. Davon leben heute noch dreitausend dort. Einige der schlimmsten Konzentrationslager wie Omarska und Trnopolje befanden sich in dieser Region. Viele sollen in das Lager Trnopolje geflüchtet sein, wo Hunderte von Menschen ermordet worden sind, weil es dort sicherer gewesen sei.
Wie sieht nun die Situation der zurückgebliebenen islamischen Bevölkerung aus? Es gibt für sie Ausnahmegesetze. Sie dürfen die Straßen nur zu bestimmten Zeiten betreten. Sie haben all ihr Eigentum verloren. Sie haben unterzeichnen müssen, daß sie ihre Höfe, daß sie ihre Häuser, daß sie ihre

Autos, daß sie ihre Betriebe an die sozialistische bosnische serbische Republik übergeben. Sie sind immer wieder Morden, Vergewaltigungen, Plünderungen und Folterungen ausgesetzt – man schätzt zwischen fünf und fünfzehn Morden täglich allein in Banja Luka. Sie sind also Menschen vierter Klasse. Es scheint so zu sein – wir sind gerade dabei, das zu recherchieren –, daß eine Zahlung von hohen Devisenbeträgen an Vertreter der UN-Truppen in der Region eine der wenigen Möglichkeiten ist, dort herauszukommen. Ich habe eine ganze Reihe von Leuten gesprochen, die gesagt haben, die Möglichkeit, über die kroatische Grenze transportiert zu werden, kostet zwischen fünftausend und zehntausend DM.

Ich erwähnte die Liste mit sechzig Massengräbern. Wir müssen davon ausgehen, daß fast überall in den besetzten Gebieten großflächig kleinere und größere Massaker an der muslimischen, aber auch an der kroatischen und – so haben wir in den letzten Tagen gehört – wohl auch an der Roma-Bevölkerung begangen worden sind. Ich erinnere wieder an die Zeit zwischen 1933 und 1940. Vor allem die islamische Führungsschicht wird systematisch liquidiert. Wir haben dies vor einiger Zeit für den Bezirk Prijedor etwas besser untersucht. Sie können das in einer Dokumentation* nachlesen. Dort, so hieß es, seien der Bürgermeister, zwei Gynäkologen, ein Galeriebesitzer und noch einige andere Persönlichkeiten verschwunden. Dann bekamen wir eine weitere Liste, die siebenundfünfzig verschwundene Menschen aufführt. Nun haben wir inzwischen von ehemaligen KZ-Insassen aus Omarska bestätigt bekommen: Diese Führungsschicht ist ermordet worden.

Ich weise auf die systematische Zerstörung der islamischen Religionsgemeinschaft hin. 90 Prozent der Moscheen, ein

* Tilman Zülch (Hrsg.): Ethnische Säuberung – Völkermord für Großserbien. Eine Dokumentation der Gesellschaft für bedrohte Völker. Luchterhand Verlag, Hamburg 1993

großer Teil der katholischen Kirchen sind zerstört. 70 Hodschas, islamische Priester, sind ermordet worden. Die islamischen Priester sind ein besonderes Aggressionsobjekt. In den meisten Fällen hat sie die Bevölkerung jedoch ins Ausland schmuggeln können.
Sie wissen, daß viele verschiedene Vertriebenenzahlen gehandelt werden. Man muß einfach sehen, daß die Mehrheit der bosnischen Bevölkerung entweder Flüchtlinge oder Vertriebene oder Zurückgebliebene sind. In der Stadt Zenica in Mittelbosnien etwa sind hundertfünfzigtausend Menschen von Nahrungsmittellieferungen abhängig, die mit Konvois kommen. Andere Ernährungsmöglichkeiten gibt es dort nicht. Man muß jetzt damit rechnen, daß täglich mindestens fünfhundert Menschen an Hunger, an Entkräftung und an Seuchen sterben.
Erlauben Sie mir zum Schluß noch, etwas Positives zu sagen, da wir als Menschenrechtsorganisation nicht nur kritisieren sollten: Ich denke, daß die Anerkennung einer Reihe von Staaten des ehemaligen Jugoslawien im letzten Jahr wenigstens eine Aggression gegen Kroatien gestoppt hat. Wir meinen aber, daß die Bundesregierung inzwischen zurückgefallen ist und man um eine Intervention der Vereinten Nationen nicht herumkommt. In Somalia hat man sich gerade dafür entschieden.
Ich will am Rande noch erwähnen, daß die Regierung der Vereinigten Staaten beschlossen und das State Department entsprechend informiert hat, daß die Kenntnis über Menschenrechtsverletzungen und Konzentrationslager systematisch vernebelt, nicht an die Öffentlichkeit gegeben werden soll. Derjenige, der damit betraut worden ist, ein hoher Mitarbeiter des Außenministeriums, ist inzwischen zurückgetreten und hat sich dazu eindeutig geäußert.
Zum Schluß möchte ich die Frage beantworten: Was kann

man für diese Frauen tun? Man kann für diese Frauen zweierlei tun.
Das eine ist – das ist von mehreren angesprochen worden; ich glaube, Rupert Neudeck kann da sehr viel Rat geben –, daß von Bosnierinnen selbstverwaltete Zentren und Betreuungsmöglichkeiten für Bosnierinnen in Bosnien und Kroatien, vielleicht auch hier, geschaffen werden könnten.
Die zweite Sache: Wir sind uns alle darüber einig, daß Dachau spätestens 1934 hätte geschlossen und Hitler auch mit Gewalt international hätte gehindert werden müssen. In Bosnien gibt es viele Situationen, die weit über das hinausgehen, was sich in Dachau abgespielt hat.

Herr *Wetterwald* (UNHCR, Simultanübersetzung): Zu Beginn möchte ich zwei einleitende Bemerkungen machen.
Erstens: Ich bin hier, weil ich den Hauptkoordinator für Flüchtlingsfragen, Frau Andrasow, vertrete, die leider nicht kommen konnte. Sie bat mich, für sie hierherzukommen.
Zweitens: Ich werde meine Erklärung abkürzen, weil ich mich sehr darauf freue, Ihre Fragen beantworten zu können, und über unsere Tätigkeit im ehemaligen Jugoslawien bereits sehr viel gesagt wurde. Zur Kritik, die hier geäußert worden ist, möchte ich sagen, daß einiges davon vielleicht begründet, anderes unbegründet ist. Ich würde diese Sitzung sehr gerne verlassen, nachdem ich einige Prinzipien klargestellt habe.
Ich habe in den letzten sechs Monaten im ehemaligen Jugoslawien gearbeitet. Ich muß zugeben, daß ich selbst nach vierzehn Jahren beim Hochkommissariat für Flüchtlingsfragen, nach z. B. Vietnam, Kambodscha und Guatemala, völlig erschüttert und geschockt von dem war, was im ehemaligen Jugoslawien geschieht, als ich nach Genf zurückkam.
Wie viele Menschen meiner Generation bin ich in der Überzeugung aufgewachsen, daß sich das menschliche Leiden des

Zweiten Weltkriegs in Europa nicht noch einmal ereignen wird, was allerdings geschieht. Die Tragödien, die wir in Bosnien erleben, sind sicherlich eine grauenhafte Erinnerung daran. Wenn Haß das zivilisierte Verhalten ersetzt, werden wir eine Logik der völligen Mißachtung der grundlegenden Menschenrechte erreichen.

Ich hoffe, daß die heutige Sitzung einen Beitrag dazu leisten kann, diesen entsetzlichen Ereignissen, der Mißachtung der Menschenrechte und insbesondere einem der schrecklichsten Ereignisse der Vergewaltigung, ein Ende bereiten zu können. Sie können sich darauf verlassen, daß das Hochkommissariat entschlossen daran mitarbeiten wird, dieses tragische Problem anzugehen.

Von Anfang an aber möchte ich betonen, daß humanitäre Fragen angesichts dieser Tragödie einzigartigen Ausmaßes wirklich bedrückend sind. Das Hochkommissariat hat wiederholt hervorgehoben, daß humanitäre Maßnahmen kein Ersatz für politische Maßnahmen sein können. Die Notwendigkeit, politische Lösungen zu finden, ist dringender denn je. Angesichts der Tatsache, daß es kein Ende der Feindlichkeiten gibt, ist es sehr zweifelhaft, ob humanitäre Organisationen in der Lage sein werden, die derzeitigen Hilfsmaßnahmen in Bosnien-Herzegowina beizubehalten.

Wie ich sagte, werde ich meine Erklärung kurz halten. Zum Abschluß aber möchte ich einige Auszüge aus der Rede des Hochkommissars, die sie am Freitag vor Vertretern der Völkergemeinschaft in Genf hielt, zitieren. Sie sagte:

> Während wir den Menschen weiterhin helfen müssen, sollte dies nicht unsere Augen vor den drastischen Verschlechterungen vor Ort verschließen, die durch massive Menschenrechtsverletzungen und auch die sich intensivierende Militäroffensive gekennzeichnet sind.

In den letzten Wochen sind dort, wo sich die Fronten in Mittelbosnien und Herzegowina verschieben, neue Flüchtlingswellen geschaffen worden. Weitere Menschen könnten vertrieben werden. Der Fall einer Stadt führte z. B. dazu, daß vierzigtausend weitere Menschen fliehen mußten. Viele flohen nach Mittelbosnien und nach Herzegowina.
Zusammen mit dem Hochkommissariat versuchen das Internationale Komitee vom Roten Kreuz und die UN-Truppen, den Menschen Zuflucht zu geben, aber die Unterkunftsmöglichkeiten sind bis an die Grenzen ausgeschöpft.
Trotz des größeren internationalen Engagements und der immer stärkeren Verurteilungen geht die Politik der ethnischen Säuberung und der Terroraktionen weiter und breitet sich aus, um die Menschen aus ihrer Heimat zu vertreiben.
Am letzten Samstag haben viele von Ihnen die grauenhaften Berichte in der Presse über die systematischen Ermordungen, Vergewaltigungen und Folterungen, die sich dort ereignen, gelesen. Alle Parteien machen sich dieser entsetzlichen Taten schuldig. Alle Teile der Bevölkerung sind betroffen, aber zweifellos leiden die Moslems am meisten.

Dann fährt sie fort:

Wir haben ein Team von Sozialarbeitern in Bosnien-Herzegowina eingesetzt, um festzustellen, was die betroffenen Gruppen, einschließlich der Gruppe der Frauen, die mißhandelt oder vergewaltigt wurden, brauchen.

Ich bin mir deutlich bewußt, welche besondere Aufmerksamkeit diese Frauen brauchen. Ich bin mir auch bewußt, daß unsere eigenen Möglichkeiten schon bis an die Grenzen ausgeschöpft sind. Hier wäre ein Bereich, wo wir aus engerer Zusammenarbeit, Unterstützung und Hilfe von nichtstaatlichen Organisationen Vorteile ziehen könnten. Ich freue mich, sagen zu können, daß mit der Organisation Tresnjevka in Zagreb bereits einige Kontakte geschaffen worden sind.

Sie fährt fort:

Zum Abschluß möchte ich heute noch sagen, daß wir eine Bestandsaufnahme machen. Diese Bestandsaufnahme aber zeigt, daß wir an einem Wendepunkt angelangt sind. Der Humanismus kann diese Welle des Elends nicht länger aushalten. Durch die humanitäre Hilfe und Unterstützung der Opfer hat die Völkergemeinschaft Zeit gewonnen für den politischen Prozeß.

Wir sollten aber nicht vergessen, daß es im November 1991 war, als das Hochkommissariat auf Anfrage des Generalsekretariats die Führungsrolle für die UN-Hilfsorganisationen im damaligen Jugoslawien übernahm. Wir haben gesehen, daß diese Operation ein horrendes Ausmaß angenommen und unsere Kapazitäten bis zur Grenze ausgeschöpft hat. Dies ist eine große Belastung unserer Möglichkeiten und gefährdet sogar das Leben unseres Personals.

Natürlich tun wir weiterhin, was wir können, um den Opfern auf allen Seiten zu helfen. Die Antwort auf dieses Problem liegt aber nicht nur bei

einer immer großzügigeren Ausweitung der Soforthilfe. Wenn die humanitäre Hilfe nicht ein humanitäres Alibi für den schlimmsten Fall sein soll, brauchen wir eine dringliche und weitgehende Beendigung der Feindseligkeiten und ein Engagement seitens aller beteiligten Parteien. Wir brauchen einen freien Zugang für die UN-Truppen in die Kriegszone und das Engagement aller beteiligten Parteien innerhalb und außerhalb der Region, die Grenzen für diejenigen offenzuhalten, die auf Grund der Suche nach Sicherheit fliehen. Die Feindseligkeiten, die Menschenrechtsverletzungen und die Zwangsvertreibungen müssen beendet werden, und zwar sofort.
In den nächsten Tagen wird es verschiedene Ministertreffen geben. Ich fordere die politischen Führer auf, diese Möglichkeit zu nutzen, damit dringende entschiedene Maßnahmen ergriffen werden, bevor es zu spät ist.

Herr *Dr. Wieruszewski* (UN-Menschenrechtskommission, Simultanübersetzung): Im Namen von Herrn Tadeusz Mazowiecki, dem Beauftragten der UN für die Menschenrechte im ehemaligen Jugoslawien, möchte ich Ihnen für Ihre freundliche Einladung danken und mich gleichzeitig in seinem Namen entschuldigen, daß er an diesem sehr wichtigen Treffen nicht teilnehmen kann. Das liegt nicht daran, daß er dieser Sitzung keine Bedeutung beimißt. Aufgrund anderer Verpflichtungen war er nicht in der Lage, hierherzukommen.
Auch ich möchte meinen Beitrag auf einige kurze Bemerkungen beschränken; denn ich glaube, unsere Aufgabe hier ist es nicht, zu reden, sondern Ihre Meinung zu erfahren und Ihre Fragen zu beantworten.

Zuerst einmal möchte ich fragen, ob Sie sich bewußt sind, welche Aufgaben der Sonderbeauftragte für Menschenrechte hat. – Seine Aufgabe ist es, vor Ort Untersuchungen durchzuführen, verläßliche, glaubwürdige Informationen zu sammeln und auf Grund dieser verschiedenen Quellen Berichte zu erstellen, um die Art der Menschenrechtsverletzungen festzuhalten und Empfehlungen abzugeben, wie diese verhindert bzw. gestoppt werden können.

Er hat verschiedene Orte besucht und konnte verschiedene Zeugen, auch eine Reihe von nichtstaatlichen Organisationen, die vor Ort arbeiten, befragen. Er hat bereits drei Berichte verfaßt. Der letzte Bericht wurde der Generalversammlung der Vereinten Nationen und auch der Sondersitzung der Menschenrechtskommission, die vor genau einer Woche stattfand, vorgelegt.

Ich habe der Vorsitzenden einige Exemplare des Berichts übergeben. Wenn also jemand Interesse daran hat, sie sich anzuschauen, kann er dies tun. Sie können auch uns ansprechen, wenn Sie möchten. Wir können Ihnen zusätzliche Exemplare überlassen.

Ich möchte nicht das wiederholen, was er gesagt hat. In unserem Bericht geht er auch auf das Problem der Vergewaltigungen und auf die verschiedenen Aspekte der Menschenrechtsverletzungen ein.

Das Problem liegt darin: Was können wir von internationalen Organisationen erwarten? Hier sollten wir uns auf die Vereinten Nationen konzentrieren. Die Menschenrechtskommission, die Herrn Mazowiecki das Mandat erteilt hat, hat verschiedene Resolutionen verabschiedet. Diese Resolutionen empfehlen bestimmte politische Schritte, um so Menschenrechtsverletzungen zu verhindern.

Die Kommission hat vor kurzem eine sehr energische Resolution verabschiedet. Das Problem der Vergewaltigungen wurde

erwähnt und auf das äußerste verurteilt. Die Kommission ging zum erstenmal in bezug auf den Jugoslawien-Konflikt auch auf das Problem des Völkermordes ein. Jetzt aber ist nicht die Zeit, neue Resolutionen zu verabschieden.
Vor kurzem sagte ein wichtiger USA-Politiker, Frau Kirkpatrick, daß die Vereinten Nationen Serbien mit Resolutionen bekämpfen. Das ist ein wirklich ernstzunehmendes Problem, mit dem sich diese Organisation auseinandersetzen muß.
Man sollte nicht vergessen, daß die Vereinten Nationen nur nach dem Willen ihrer Mitglieder vorgehen können. Es ist nicht die UNO selbst, es sind vielmehr die Mitgliedstaaten, die entscheiden, welche Maßnahmen ergriffen werden sollten.
Während der Freitagssitzung, die vom Hochkommissariat organisiert wurde, wurde sehr deutlich, daß wir, wenn wir die Katastrophe in dieser Region sofort stoppen wollen, entschiedenere Schritte einleiten müssen. Dies ist natürlich nichts, was vom Hochkommissariat oder dem Berichterstatter für Menschenrechtsfragen vorgenommen werden kann; sie können keine sofortigen Interventionen fordern. In ihrer Rede und auch in den Empfehlungen, die zum Abschluß des Berichts von Herrn Mazowiecki veröffentlicht wurden, ist ganz deutlich geworden, daß die Vereinten Nationen nicht akzeptieren können, daß Menschenrechte mißachtet und verletzt werden. Ich glaube, daß es keine andere Methode gibt, diese Lage zu beenden.
Aus diesem Grunde stellte Herr Mazowiecki in seiner jüngsten Erklärung und auch bei anderen Gelegenheiten fest, daß man Sicherheitszonen schaffen sollte. Er wies auf das damit verbundene Problem hin: Es ist natürlich nicht allein mit der Sicherheitszone getan. Dieses Konzept aber wird verwendet, um die militärische Präsenz der Völkergemeinschaft vor Ort zu verstärken.
Ich fürchte, daß wir ohne den politischen Willen, die politi-

sche Entschlossenheit der Mitgliedstaaten und insbesondere Europas, nicht in der Lage sein werden, das tragische Schicksal nicht nur der Frauen, sondern der gesamten Bevölkerung dort zu verhindern.
Ich möchte dafür ein Beispiel geben, das mein Vorredner nicht erwähnt hat. Es handelt sich um das Problem der Öffnung der Lager. Eigentlich sollte dies bis Ende Oktober geschehen sein, aber es geschah nicht. Der ganze Prozeß wurde vom Internationalen Roten Kreuz und vom Hochkommissariat gestoppt, weil sich für diejenigen, die in den Lagern waren, einfach kein Platz finden konnte.
Als ein Teil der Leute des Lagers Trnopolje freigelassen wurde, gingen sie nach Karlovac. Dort war einfach nicht genug Platz, diese Menschen aufzunehmen. Es gab einfach nicht genug Angebote, z. B. aus Europa, um diese Menschen aufzunehmen.
Ich will uns nicht an den entsetzlichen Fall erinnern, wo sich ein Mitglied des Sicherheitsrates geweigert hat, hundertfünfzig Menschen aufzunehmen. Das Land war nicht bereit, diesen Einreisevisa zu erteilen. Als wir das Problem mit den Journalisten erörterten, sagten sie, die Öffentlichkeit sei dagegen, mehr Menschen aufzunehmen. – Und was passierte dann? Weil es einfach nicht genug Plätze gab, diese Menschen unterzubringen, wurde der ganze Prozeß gestoppt. Natürlich befindet sich das Internationale Komitee des Roten Kreuzes jetzt in einer sehr schwierigen Lage.
Natürlich beschuldigen sich die Seiten gegenseitig, daß sie nicht bereit waren, die Lager zu öffnen. Die eine Seite sagt: Wir haben bereits zweitausend freigelassen. Wir können nicht weitermachen, weil die Moslems und die Kroaten ihre Gefangenen nicht freilassen.
Das ist die derzeitige Situation. Sie kam nur deshalb zustande, weil die Völkergemeinschaft, als die psychische Lage so war,

daß die Lager geöffnet werden konnten, einfach nicht bereit war, darauf zu reagieren.

Ich möchte hinzufügen, daß Deutschland in diesem Bereich führend ist. Deutschland nimmt die meisten Flüchtlinge auf und ist auch immer bereit, dies zu tun. Vielleicht sollte ich das hier nicht sagen, aber wir sollten uns damit an die anderen europäischen Staaten wenden.

Ein wichtiger Bestandteil der Tätigkeiten von Herrn Mazowiecki besteht darin, sich immer an die öffentliche Meinung zu wenden. Er nutzt die Medien, weil er glaubt, daß wir ohne den Druck seitens der Öffentlichkeit nicht in der Lage sein werden, das Problem zu lösen. Ich verstehe natürlich – das wurde von Herrn Neudeck gesagt –, daß es wichtig ist, daß sich die Medienberichterstattung etwas zurückhaltend äußert. Bei dem Problem in diesem Bereich aber sollten wir die Presse nutzen, weil sie die einzige Institution ist, die die Tätigkeiten dieser Organisation unterstützt.

6

Vom Unsinn der »Dampfkessel-Theorie«

Warum Männer im Krieg vergewaltigen

Im Geschichtsunterricht haben wir es schon in allen Kriegsbeschreibungen gelesen: die Eroberer folterten, brandschatzten, mordeten und vergewaltigten... Die Vergewaltigung ist uns im Unterbewußten gegenwärtig als ganz »normales« Kriegsgeschehen. Es scheint dazuzugehören. Die Männer, die soviel Schrecken und Angst durchleben müssen, als ganz normale Soldaten an der Front, sie scheinen es »zu brauchen«. Und die Gesellschaft scheint es »ihnen zuzugestehen«. Wieviel Frauenverachtendes darin steckt, das ist vielen Menschen erst durch die Dokumentation der Vergewaltigungen in Bosnien-Herzegowina bewußt geworden.

Gerade am Beispiel dieses grausamen Krieges auf dem Balkan – welcher Krieg ist nicht grausam? – wird klar, daß es in jedem Krieg andere Begründungen für Vergewaltigung zu geben scheint:

– Nanking 1937: Die Stadt wird von den Japanern eingenommen. Im ersten Monat der Besatzung kommt es zu zwanzigtausend Vergewaltigungen. Ausländische Missionare berichten, daß sie jeweils mindestens zehn Gruppenvergewaltigungen pro Tag beobachtet hätten. Die Presse spricht darum von der »Vergewaltigung Nankings«.

– Italien 1943: In der französischen Restarmee kämpfen marokkanische Söldner. Diesen wird ausdrücklich das Recht zugestanden, zu plündern und zu vergewaltigen. Es kommt zu Massenvergewaltigungen und Schwangerschaften. Die italienische Regierung gesteht den betroffenen Frauen nach dem Krieg eine kleine Rente zu.

– Berlin 1945: Die Russen vergewaltigen bis zu neunhunderttausend Frauen.

– Korea 1939-45: Zwischen einhundert- und zweihunderttausend Koreanerinnen werden von den Japanern verschleppt und sexuell versklavt. Erst 1992 bekommen diese Koreanerinnen vor japanischen Gerichten Recht und erhalten finanzielle Entschädigung.

– Nürnberg 1948: Bei den Nürnberger Kriegsverbrecherprozessen geben Zeugen zu, daß es in Smolensk ein Bordell der deutschen Heeresleitung gegeben habe, in das Frauen zwangsverschleppt worden waren. Der französische Ankläger legt in Nürnberg Material über Massenvergewaltigungen als Vergeltung gegen den französischen Widerstand vor. Er beweist, daß Vergewaltigung als Mittel zu militärisch-politischen Zwecken eingesetzt wurde.

– Bangladesch 1971: Bei Kriegsende werden zweihunderttausend Frauen vergewaltigt. Im Anschluß daran verstoßen sie ihre eigenen Familien. Die Frauen wandern ohne Ziel umher und landen in von der Regierung eingerichteten Lagern. Bis heute werden diese Lager allerdings kaum mit dem Nötigsten von der Regierung versorgt.

– Kuwait 1991: Die Zahl der von den Irakis vergewaltigten und sexuell gefolterten Frauen wird auf mindestens fünftausend geschätzt.

Dennoch unterscheiden sich diese Vergewaltigungen von denen in Bosnien-Herzegowina. Denn auf dem Balkan geht es auch um eine Botschaft von Soldat zu Soldat, von Mann zu Mann: Deine Frau gehört jetzt auch mir, du hast sie nicht

beschützen können. Da ist jedes Mittel recht. Perfide Gehirne haben sich die schlimmsten Folterungen und Grausamkeiten für die muslimischen Frauen der Bosnier und Kroaten ausgedacht. Auch, damit sie sich so »zu Tode« erschrecken, um nie, nie mehr in ihre Heimat zurückzukehren. Vergewaltigung wird eingesetzt als Mittel der Vertreibung der Moslems und Kroaten aus den eroberten Gebieten. Für alle Zeit.
Denn weder die geschändeten Frauen und Mädchen noch die männlichen Mitglieder der Familien wollen je wieder an den Ort dieser Erinnerungen zurückkehren. Somit hat die Zagreber Feministin Asija so furchtbar recht, wenn sie nüchtern in die Kamera sagt: »Mit Vergewaltigung spart man Bomben. Mit Vergewaltigung erreicht man die ethnische Säuberung wirksamer, mit weniger Kosten. Vergewaltigung ist eine Ökonomie des Krieges.« Später, viele Monate später, wird auch die UN-Expertenkommission zu dieser Schlußfolgerung gelangen. Die EG-Mission räumt, ein halbes Jahr nachdem die Öffentlichkeit von den Massenvergewaltigungen erfahren hat, ebenfalls ein, daß sie nur eine »zufällige Nebenerscheinung der Aggression seien und hauptsächlich ein strategisches Ziel«. Nach diesen Berichten scheinen zumindest Eckdaten der vergewaltigten Frauen festzustehen: sie liegen zwischen zwanzigtausend (EG) und fünfzigtausend (bosnisches Innenministerium).
Die Vergewaltiger bestätigen in allen Verhören und Interviews nach ihrer Verhaftung, daß sie »auf Befehl« vergewaltigt hätten. Auch Frauen erzählen das immer wieder. Wie sonst, haben viele argumentiert, hätten dies ihre Nachbarn und Freunde je tun können? Von Befehlen haben auch vierzig vergewaltigte Mädchen aus dem Dorf Brezovo Polje bei Brčko berichtet. Der amerikanische Journalist Roy Gutman hat das alles notiert und in *Newsday* am 23. August 1992 veröffentlicht:

»Wir haben den Befehl, die Mädchen zu vergewaltigen«, habe der junge Mann der dreiundzwanzigjährigen Mirsada gesagt, die er verschleppt hatte. Nach den Berichten der jungen Mädchen haben die Männer mit ihnen die Vergewaltigungen diskutiert, als ob es sich dabei um eine Mission handelte, die ausgeführt werden mußte. Die Frauen erzählen, daß viele der Männer weiße Pillen einnahmen, die sie zu stimulieren schienen. Die Behauptung der Männer, daß sie auf Befehl handelten, erschien um so glaubhafter, als eine neue Gruppe irregulärer Streitkräfte eintraf, die unter dem Kommando eines besonders grausamen Führers dieses Krieges stand. Die Anführer der einheimischen Truppen versuchten dann, die Frauen aus Brezovo Polje vor den Gefolgsleuten dieses Führers zu schützen, berichteten die Frauen. ›Keine Sorge, die Mädchen sind schon vergewaltigt worden‹, habe einer der Offiziere den Männern der anderen Truppe mitgeteilt, erzählten später die Mädchen.«
Auch in der kroatischen Regierung glaubt man jetzt – nachdem bis Dezember 1992 das Thema Vergewaltigung vollkommen ignoriert wurde – an Befehle von der serbischen Kriegsspitze. Dr. Mladen Lončar, der einer kroatischen Kommission zur Untersuchung der Massenvergewaltigungen vorsteht, glaubt dabei an eine zusätzliche Kriegsmethode: Mit den von oben gelenkten Massenvergewaltigungen entstehe auch so etwas Wahnwitziges wie eine »serbische Solidargemeinschaft«. So würden alle positiven Gefühle der serbischen Soldaten ihren ehemaligen Nachbarn und Freunden gegenüber für alle Zeiten zerstört. So könne später – wenn wieder Frieden im Lande ist – das schlechte Gewissen weiterhin jeden Kontakt zu bosnischen und kroatischen Dorfbewohnern verhindern.
Ruth Seifert vom sozialwissenschaftlichen Institut der Bundeswehr hat sich im Februar 1993 vor dem Hintergrund des

Geschehens auf dem Balkan als Soziologin an das Thema Krieg und Vergewaltigung gewagt. Hier Auszüge aus ihrer Analyse:

Die »Dampfkesseltheorie«

Fragt man nach den Gründen von Vergewaltigungen, so stößt man auf einen Wust von Mythen und Ideologien. Der beliebteste und wirkungsvollste Mythos ist wohl der, Vergewaltigung hätte etwas mit einem unbezwingbaren männlichen Trieb zu tun, der sich, sofern nicht kulturell kontrolliert, zwar bedauerlicher-, aber andererseits unvermeidlicherweise austoben müsse. Dahinter steht eine »Dampfkesseltheorie« der männlichen Natur. Männer sind in dieser Vorstellung letztlich nicht Herr im eigenen Haus. Sie werden als willenlose Opfer ihrer gewalttätigen und triebhaften Natur gesehen. Der Vorteil dieser Theorie liegt darin, daß sie die einzelne Person des verantwortlichen Handelns enthebt und als Entschuldigung für sexuelle Gewaltanwendung dienen kann.
Tatsächlich gibt es gute Gründe dafür anzunehmen, daß Vergewaltigungen weder mit der Natur noch mit der Sexualität recht viel zu tun haben. Sie sind vielmehr ein extremer Gewaltakt, der sich allerdings sexueller Mittel bedient. Das belegen Vergewaltigungsstudien, die vor allem in großer Zahl in den USA, mittlerweile aber auch im deutschsprachigen Raum vorliegen. Sie zeigen, daß Vergewaltigung kein aggressiver Ausdruck von Sexualität, sondern ein sexueller Ausdruck von Aggression ist. Sie dient in der Psyche des Täters nicht sexuellen Zwecken, sondern der Artikulation von Wut, Gewalt und Herrschaft über eine Frau. Es geht darum, eine Frau zu erniedrigen, zu demütigen und sie zu unterwerfen. Diese Gewalttat wird allerdings mit sexuellen Mitteln durchgeführt.

Das gewalttätige Eindringen in das Innere des Körpers bedeutet den schwersten denkbaren Angriff auf das intimste Selbst und die Würde des Menschen und ist in aller Regel ein Kennzeichen schwerer Folter. Das gewaltsame Eindringen in den Innenraum der Frau hat Wirkungen, die der Folter vergleichbar sind. Es bewirkt körperlichen Schmerz, den Verlust der Würde, einen Angriff auf die Identität und den Verlust der Selbstbestimmung über den eigenen Körper. Jeder Kampf um Würde und Selbstbestimmung, der von Menschen geführt wird, »hat seine Wurzeln im Kampf um die Kontrolle über den eigenen Körper, besonders um die Kontrolle über den physischen Zugang zum eigenen Körper« (Dworkin 1990:243). Da die persönliche Identität aufs engste mit der sexuellen Identität verwoben ist, wird durch die sexuelle Form der Gewalt zudem das personale Selbst in seinem Kern getroffen.

Die Untersuchungen von Vergewaltigungen in zivilen Kontexten zeigten auch, daß das Ausmaß der Gewaltanwendung in Form von Schlägen, Würgen und sonstigen Mißhandlungen oft weit über das Ausmaß der Gewalt hinausgeht, das zur Erreichung der Vergewaltigung nötig gewesen wäre. Vergewaltigungsopfer selbst empfinden in den meisten Fällen die Tat nicht als sexuelle Handlung, sondern als extreme und demütigende Form der Gewaltausübung gegen ihre Person und ihren Körper, die mit starken Todesängsten verbunden ist. Aber auch Vergewaltiger selbst sprechen kaum jemals von einem sexuellen Erlebnis. Jeder dritte Täter hat bei der Tat sexuelle Funktionsstörungen. Was die Täter selbst artikulieren, sind Gefühle der Feindseligkeit, der Aggression, der Macht und der Herrschaft.

Bei Gruppenvergewaltigungen kommen zusätzliche Motive dazu: Hier geht es offenbar in erster Linie darum, sich gegenseitig Männlichkeit zu beweisen. Gruppenvergewalti-

gungen zeichnen sich oft durch ein ritualisiertes Vorgehen aus, d.h., die Reihenfolge der Vergewaltigung richtet sich nach dem Status innerhalb der Gruppe. Es wurde auch festgestellt, daß Vergewaltiger dazu tendieren, ihr Opfer zu depersonalisieren. Sie nehmen es kaum als konkrete Person wahr und können das Opfer, wenn es ihnen unbekannt war, hinterher kaum beschreiben. Das Opfer steht für den Täter stellvertretend für »Frau« und nicht als konkrete Person. Resümierend läßt sich sagen: Die Sexualität des Täters steht bei der Tat nicht im Mittelpunkt. Sie wird vielmehr instrumentell in den Dienst der Gewaltausübung gestellt.
Ein weiteres Argument gegen eine wie auch immer geartete biologistische oder »naturalisierende« Betrachtungsweise ergibt sich aus der ethnologischen Forschung. So gibt es vergewaltigungsarme und vergewaltigungslastige Gesellschaften. Der Stellenwert von Vergewaltigungen in Gesellschaften ist folgendermaßen zu sehen: Vergewaltigungsarm sind Gesellschaften, in denen a) die männliche Vormachtstellung vollständig gesichert ist. Als Beispiel dafür können die meisten islamischen Gesellschaften angeführt werden, die als vergewaltigungsarm gelten. Oder aber b) Gesellschaften, in denen Frauen Anerkennung genießen und in der jeweiligen Kultur einen respektablen Status besitzen. Vergewaltigungslastig sind demgegenüber Gesellschaften, in denen a) männliche Macht unstabil geworden ist, b) Frauen einen untergeordneten Status haben und geringgeschätzt werden, und c) Gesellschaften, in denen rigide Definitionen von »männlich« und »weiblich« vorherrschen, die mit starken Vormachtstellungen bzw. Werthierarchien verbunden sind. Zu den vergewaltigungslastigen Gesellschaften zählen nahezu alle modernen westlichen Gesellschaften. Ein treffendes Beispiel sind die USA mit ihrer historisch starken Frauenbewegung und einer entsprechenden Labilität männlicher Machtstellung. In den

USA steigt die Zahl der Vergewaltigungen stetig an. Derzeit ist sie das häufigste Gewaltdelikt.

Man kann also schlußfolgern, daß Vergewaltigung keineswegs aus der Natur oder auf dem Hintergrund menschlicher Sexualität zu erklären ist. Sie ist vielmehr ein hochgradig dem sozialen und kulturellen Kontext zuzuordnender Akt. Bei der Suche nach der gesellschaftlichen Funktion von Vergewaltigungen deutet alles darauf hin, daß sie die ungleichen Machtbeziehungen zwischen den Geschlechtern regulieren: Sie dienen dazu, eine bestimmte kulturelle Ordnung zwischen den Geschlechtern zu sichern oder – wenn sie brüchig zu werden droht – wiederherzustellen. Um sich die gesellschaftliche Wirkung von Vergewaltigungen zu verdeutlichen, brauchen Frauen nur an sich selbst zu denken. In Vergewaltigungskulturen tragen die bloße Gefahr der Vergewaltigung und die Häufigkeit sexueller Gewalt zur Identitätsbildung von Frauen (auch von Männern) bei. Das Wissen, auf Grund der Geschlechtszugehörigkeit der Gefahr eines massiven Angriffs auf Körper und Psyche ausgesetzt zu sein, beeinflußt bekanntlich das Alltagsverhalten von Frauen. Der Terror, der von der Gefahr der Vergewaltigungen ausgeht, zeigt, daß Vergewaltigung eine symbolische und gesellschaftsformende Kraft hat, auch dort, wo sie nicht unmittelbar aktuell ist. Die Massenvergewaltigungen des Zweiten Weltkrieges und die in Jugoslawien bestimmen und beeinflussen über die Zeiten und Grenzen hinweg die Position, die Identität und das Selbstgefühl von Frauen.

Vergewaltigungen können im Kontext von Kriegen als der letztmögliche symbolische Ausdruck der Demütigung des männlichen Gegners betrachtet werden. Wie die Erfahrung lehrt, ist der Beschützermythos der Männer, der in den meisten Kriegen mobilisiert wird, wirklich nichts weiter als ein Mythos. Es ist keineswegs ein kulturelles Anliegen, Frauen vor Kriegen und deren Folgen zu beschützen. Das bedeutet nicht, daß dieser Mythos keine soziale Wirkung und für viele Männer (und Frauen) keine psychische Realität besitzen würde. Damit soll auch nicht in Abrede gestellt werden, daß einzelne Männer einzelne Frauen beschützen (ebenso wie auch einzelne Frauen einzelne Männer beschützen). Prinzipiell aber sind Frauen den Folgen von Kriegen immer ausgesetzt.

Die Vergewaltigung von Frauen trägt aber eine zusätzliche Botschaft mit sich: Sozusagen von Mann zu Mann ergeht die Mitteilung, daß die Männer im Umkreis der betroffenen Frauen nicht imstande sind, »ihre« Frauen zu beschützen. Damit werden sie in ihrer Männlichkeit getroffen und desavouiert. Diese Kommunikationsfunktion von Mann zu Mann zeigt sich deutlich, wenn im ehemaligen Jugoslawien Busse mit Frauen im sechsten, siebten oder höheren Schwangerschaftsmonaten über die feindlichen Linien zurückgeschickt werden – meistens mit zynischen Aufschriften über die zu gebärenden Kinder auf den Fahrzeugen.

Dieser Effekt tritt auch in den Recherchen von Sander und Johr zutage. Sie berichten davon, daß Opfer von Kriegsvergewaltigungen im Frühjahr 1945 von ihren Ehemännern für die Tat verantwortlich gemacht wurden bzw. daß die Männer die Beziehung auf Grund der Vergewaltigung beendeten. Viele Frauen verschwiegen auch aus diesem Grunde, daß sie vergewaltigt worden waren. Das bedeutet: Männer sehen sich durch die Mißhandlung »ihrer« Frauen in ihrer Männlichkeit beeinträchtigt. Im Mittelpunkt steht die Auswirkung auf die Männer, nicht das Leiden der Frauen.

Betrachtet man die immer noch gültigen Männlichkeitsvorstellungen westlicher Gesellschaften, so ist generell die Definition von Männlichkeit fast unentwirrbar mit Heterosexualität und dem Gewaltmonopol zusammengebaut: Ein homosexueller Mann wird in unserer Kultur als weniger männlich empfunden als ein heterosexueller; ein sanfter, ängstlicher Mann als weniger männlich als ein aggressiver. Armeen machen Männlichkeitsangebote auf beiden Ebenen: Sie verbinden durch den Ausschluß von Frauen das Gewaltmonopol mit Männlichkeit; Homosexualität wird in allen modernen Armeen geächtet; ein zotiger Umgang mit Heterosexualität ist Bestandteil des Alltags in vielen Einheiten. All dies wird mit männlichen Überlegenheitsgefühlen besetzt.

Darüber hinaus zeichnet sich die westliche Kultur durch eine Vermengung von Gewalt und Erotik bzw. Sexualität aus. Die Sprache ist dabei enthüllend: »Erobert« wird sowohl auf dem Schlachtfeld als auch im Schlafzimmer; der Einmarsch der Deutschen nach Belgien zu Beginn des Ersten Weltkrieges wurde in der englischen Presse als »Rape of Belgium« (Vergewaltigung Belgiens) tituliert, ebenso der irakische Überfall auf Kuwait als »Rape of Kuwait«; das Gewehr wird als »Braut des Soldaten« bezeichnet. Die Lister der Bilder, die Gewalt und männliche Sexualität zusammenbauen, ließe sich endlos fortsetzen.

Insofern ist durch die Konstruktion von Armeen bzw. das in ihnen gepflegte Männlichkeitsideal, das heterosexuelle Männlichkeit und Gewalt auf besondere Weise stilisiert und zusammenbaut, Vergewaltigung zumindest angelegt (nicht determiniert). Dies wird durch Beobachtungen des amerikanischen Militärpsychiaters Marlowe bestätigt, der feststellte, daß es kaum eine Armee gibt, in der die sexuelle Symbolik keine Rolle spielen würde. »Male bonding« – also das im Militär geforderte und geförderte männliche Zusammengehörigkeitsgefühl – wird, so Marlowe, über die gemeinsame Sprache einer männlichen Sexualidentität hergestellt, wobei mit der Metapher der »soldatischen Männlichkeit« ein starkes und überlegenes Selbstbild produziert wird. Am Ende des

Zweiten Weltkriegs stellte der Militärsoziologe Elkin fest, daß im rein männlichen Umfeld einer Armee die Werte, »die mit dem Ideal von Virilität verbunden sind, eine entscheidende Rolle bei der Herausforderung des soldatischen Selbstbildes, beim Aufbau innerer Spannungen sowie der Möglichkeiten, diese Spannungen abzubauen«, spielen.

Das heißt nicht, daß jeder Soldat vergewaltigt. Es heißt aber, daß in der Konstruktion des Soldaten – oder anders ausgedrückt: in den Subjektpositionen, die Armeen zur Verfügung stellen, in denen bestimmte kulturelle Männlichkeitsvorstellungen mit dem Soldatsein verquickt werden – bestimmte Verhaltensweisen eher als andere angelegt sind. Denn wie in einer Streßsituation, wie sie der Krieg darstellt, reagiert wird, hängt nicht nur von der Spezifik der Streßsituation ab, sondern darüber hinaus auch »von der individuellen und gesellschaftlich-kulturellen Verfügbarkeit bestimmter Copingstrategien [Verarbeitungsstrategien]. Teil des Coping ist auch die kulturell codierte Art und Weise, mit Emotionen umzugehen« (Vester 1991, S. 144). Ob dann beispielsweise in einer bestimmten Situation gewalttätig reagiert wird, hängt auch davon ab, welche Alternativen in einem kulturellen Kontext (und das beinhaltet in verschiedenen Kulturen und auch in verschiedenen Armeen variierende Vorstellungen von Männlichkeit und Weiblichkeit) zur Kanalisierung von Gefühlen zur Verfügung stehen.

Die Bedeutung der Verquickung von Gewalt und Männlichkeit in den kulturellen Vorstellungen tritt auch in den Berichten über Gruppenvergewaltigungen seitens der Amerikaner in Vietnam zutage. Über sie ist bekannt, daß zusätzliche Grausamkeiten am Opfer als Wettbewerb um mehr Männlichkeit aufgefaßt wurden. Einige wenige Taten dieser Art wurden von Soldaten angezeigt, die dabei anwesend waren, sich aber nicht an Vergewaltigungen bzw. sexueller Folter beteiligt hatten. In den Verhandlungen vor dem Kriegsgericht stellten die Vergewaltiger typischerweise die Männlichkeit des Anzeigenden in Frage. In einem bekanntgewordenen Fall wurde ein Soldat, der sich geweigert hatte, sich an einer Vergewaltigung zu beteiligen, von seinem Einsatzleiter als Schwuler und Schwächling verspottet.

Eine weitere Erklärung für sexuelle Gewaltausbrüche in Kriegen zeigt ebenfalls das Wechselspiel zwischen männlicher Psychologie und der gesellschaftlichen Konstruktion von Männlichkeit. Joan Smith argumentiert, daß die für Militärorganisationen charakteristische Negierung und Verdrängung weicher, einfühlsamer und ängstlicher Gefühle eine Situation hervorruft, in der Männer ständig ihre maskuline Identität unter Beweis stellen müssen. Dies geschieht, indem sogenannte »weibliche« Eigenschaften wie Empathie, Einfühlungsvermögen und Weichheit zumindest im Organisationskontext minder bewertet wird. Verschanzt hinter dieser Art der Verteidigung von Männlichkeit, ist es ihrer Ansicht nach kaum möglich, mit Gefühlen wie Mitleid, Lust, Angst oder Wut reflektiert umzugehen. Diese Gefühle sind eine Bedrohung der sorgfältig konstruierten maskulinen Existenz. Werden in Extremsituationen Gefühle dennoch ausgelöst, so rufen sie einen Affekt gegen Weiblichkeit hervor. In der Folge greifen viele Soldaten zur kulturell bereitgestellten »männlichen« Coping-Strategie, für die sie auch noch als Experten ausgebildet sind: der Gewalt, die dann zur spezifisch sexuellen Gewalt gegen Frauen wird.

7

Und die Serben?

Reaktionen auf die Anschuldigungen und Parallelen zum Dritten Reich

Fünfunddreißig Faxe liegen auf meinem Schreibtisch, allesamt mit dem gleichen Wortlaut, abgesandt von serbischen Organisationen, Vereinen und Gruppen aus ganz Deutschland. Allesamt hoffen sie, daß wir im Frauenjournal die volle Wahrheit zeigen. Die Wahrheit über die systematischen Massenvergewaltigungen an Serbinnen!
Auch serbische Frauenorganisationen schreiben bereits vor der Ausstrahlung der Sendung, daß es nicht wahr sei, daß serbische Soldaten muslimische Frauen vergewaltigen würden. Das sei alles üble Kriegshetze, nichts als Propaganda und ganz typisch deutsch, denn die Deutschen seien ja immer gegen die Serben gewesen. Schon im Ersten und erst recht im Zweiten Weltkrieg. Grauenvolle Videokassetten erreichen mich, mit schaurigen Bildern aus dem Kriegsgeschehen. Bilder der Grausamkeiten, die im deutschen Fernsehen tatsächlich schon gelaufen waren, als Grausamkeiten der Serben an Kroaten oder Bosniern. Jetzt reklamieren die Serben diese Szenen für sich – was stimmt also wirklich?
Von Anfang an war es uns klar, daß wir auch in Belgrad recherchieren und drehen werden. Barbara Dickmann ist dorthin gefahren, auf Umwegen, die Stadt darf wegen des Embargos nicht aus Deutschland angeflogen werden. Sie hat

in allen gynäkologischen Kliniken angefragt und sich nach vergewaltigten Frauen, nach Frauen, die abtreiben wollten, oder elternlosen Babys erkundigt. Die Auskünfte waren mager, eine Frau hat vor der Kamera berichtet und ist danach zusammengebrochen. Bei einem späteren Dreh im März 1993 kam dann doch mehr zutage: daß die Serbinnen zum einen auch von Bosniern und Kroaten vergewaltigt worden waren – quasi als Reaktion auf die Massenvergewaltigungen –, daß aber die Serbinnen noch sehr viel mehr unter der Grausamkeit ihrer eigenen ehemaligen Soldaten zu Hause zu leiden hätten. Das ist ein Mechanismus, der in den USA unter dem Wort »Vietnam-Syndrom« bekanntgeworden war. Danach leben Soldaten ihre »Front« noch einmal zu Hause aus – an den eigenen Frauen und Kindern. So stehen die SOS-Notrufe für Frauen in Belgrad nicht still. Beim Verfassen dieses Textes waren jedoch immer nur kleine Gruppen der paramilitärischen Tschetniks, der »Tiger« oder »Weißen Adler« und auch nur wenige von den hunderttausend Soldaten der Jugoslawischen Volksarmee auf Heimaturlaub. Was mag auf die Frauen zukommen, wenn die ganze Armee wieder heimkehrt?

Schon bei ihrer ersten Recherche wurden Barbara Dickmann von *TV Belgrad* Videos mit Aussagen vergewaltigter Frauen angeboten. Doch eine persönliche Kontaktaufnahme oder die Notiz des Namens nur zur Absicherung, das wurde ihr nicht gestattet. Das ist verständlich, denn *TV Belgrad* leistet unverändert einen wichtigen Beitrag für die serbische Kriegsführung. Es ist schließlich in allen Kriegsgebieten und weiten Teilen Serbiens und Montenegros das einzige serbische Informationsmedium. Der serbische Journalist Petar Luković, stellvertretender Chefredakteur der unabhängigen Belgrader Wochenzeitschrift *Vreme,* bestätigt, daß *TV Belgrad* die These von den »gefährlichen moslemischen Fundamentalisten« und »faschistischen genoziden Kroaten« verbreite. Dabei schrecke

es auch nicht vor Lügen zurück. So gab man zwei Monate lang nicht bekannt, daß serbische Truppen Sarajevo beschießen – es hieß, es seien die »moslemischen Extremisten«, die ihre eigenen Volksangehörigen unter Beschuß nähmen.
Daß gerade auch in Deutschland so viele Serben, die oft jahrzehntelang hier leben, dieser Propaganda aufsitzen, liegt sicherlich auch daran, daß Slobodan Milošević »seine« Medien raffiniert benutzt, um die andere Seite, seine eigene Wahrheit, zu verbreiten. Auch in Deutschland gelang es erst nach dem Ende der nationalsozialistischen Herrschaft den Historikern und Politikwissenschaftlern, die ganze Infamie der Lügen zu durchleuchten und verständlich zu machen. Diese Aufgabe wird eines Tages auch den Historikern im Bereich der Informationspolitik der Serben zufallen. Damit bewußt wird, daß sich niemand gegen die moslemische und kroatische »Gefahr« zur Wehr setzen und alte Freundschaften dabei vergessen mußte.
Trotzdem – so berichtet die kroatische Journalistin Alexandra Stiglmayer – werden die brutalen Säuberungsaktionen in der Regel überwiegend unter Ausschluß der serbischen Öffentlichkeit und von Spezialeinheiten der Serbischen Armee sowie von Belgrad gelenkten paramilitärischen Verbänden durchgeführt. Gerade diese paramilitärischen Gruppen machen die Schmutzarbeit und rekrutieren sich aus Ultranationalisten, Kriminellen, Arbeitslosen und Asozialen, die als Kriegslohn alles behalten dürfen, was sie den zu vertreibenden Moslems und Kroaten abnehmen.
Sollten sich serbische Soldaten den Befehlen zur Wehr setzen – das haben immer wieder die Zeuginnen bestätigt –, so werden sie mit Drohungen, Schlägen und anderen Grausamkeiten gezwungen, alles auszuführen: Vergewaltigungen, Morde, Brandschatzungen. Serben, die es wagten, ihren alten Nachbarn und Freunden in den Dörfern und Städten zu helfen,

wurden als Vaterlandsverräter abgestempelt und erlitten das gleiche Schicksal wie die vertriebenen Bosnier oder Kroaten – Lager oder Tod.
Immer wieder argumentieren Serben auch mit Listen von Bordellen, die angeblich bosnische Regierungstruppen oder moslemische Verbände eingerichtet haben sollen und in denen serbische Frauen gefangengehalten und vergewaltigt würden – also genau die umgekehrte Geschichte, die weltweit für so viel Aufruhr und Aufregung gesorgt hat. Franz P. Bumeder vom Bayerischen Rundfunk bekam von anonymer serbischer Seite eine solche Adressenliste zugespielt. Da er damals als Hörfunkkorrespondent in Sarajevo tätig war, nahm er die Gelegenheit wahr, um mit seinem Mikrofon und Kassettenrecorder vor Ort die erhobenen Vorwürfe zu überprüfen. Hier seine Reportage:

Beispiel 1
In dem vor dem Krieg bekannten und beliebten Café *Borsalino* im Sarajevoer Stadtteil Novi Grad sollen sich zehn internierte Frauen befinden. Von außen ist das Café als solches nicht mehr zu erkennen. Im Erdgeschoß eines rundum zerschossenen Hauses lag es, die Fensterscheiben mit Holzplatten verrammelt. Anwohner erzählen, seit September sei das Café bereits verschlossen und verriegelt. In der im Nachbarhaus eingerichteten lokalen Kommandantur einer moslemischen Miliz stellt sich der Chef der Einheit, Soran Glamusina, den journalistischen Fragen. Er ruft nach einem Handwerker, der sofort diensteifrig die Tür aufbrechen will. Nein, befiehlt der Kommandant, er solle warten, bis das Team des Bayerischen Rundfunks, also Reporter, Übersetzerin und Fahrer, mit seinen Fragen fertig wäre. Als diverse Schlüssel und Stemmeisen an der gut gesicherten Tür versagen, wird eine ca. fünfzig Meter lange Kabelrolle herangeschafft. Mit einem überdi-

mensionalen Bohrer bricht der Handwerker das Schloß auf. In dem Café ist es dunkel, Spinnweben hängen an den Wänden. In halb vollen Biergläsern hat sich Zentimeter hoher Schimmel gebildet. Für Soran Glamusina sind das Beweise dafür, daß seit Wochen niemand mehr in dem Café gewesen ist. »Was anderes kann ich sagen, als daß alles nur erfunden ist, erfunden von serbischer Seite.«

Das wohl gewichtigste Indiz sind rund hundert zum Teil angebrochene Schnaps- und Likörflaschen. Wäre das Café vorher von der Miliz benutzt worden, von dem Alkohol wäre kaum mehr etwas übrig gewesen. Übrigens: Der Kommandant der moslemischen Miliz ist Serbe.

Natürlich kann nicht ausgeschlossen werden, daß es irgendwo in dem riesigen früheren Wohnhaus ein Lager für serbische Frauen gibt. Den ganzen Gebäudekomplex abzusuchen würde Tage in Anspruch nehmen.

Einer Nachprüfung stellt sich auch der stellvertretende Polizeichef von Novi Grad, Sabit Hadžio, entgegen. In korrekt sitzender Uniform, die Krawatte streng gebunden, sitzt er an seinem Schreibtisch in der Polizeistation. Als erstes läßt er sich Namen und Anschrift der Anwesenden geben. Dann nimmt er zu der Beschuldigung Stellung, die Polizei wisse oft von solchen Lagern, unternehme aber nichts. Er will genau wissen, wann und wo in seinem Bezirk die beschriebenen Fälle passiert wären. Da der anonyme Brief an den Bayerischen Rundfunk aber weder Zeit- noch genaue Ortsangaben enthält, fällt die Antwort von Sabit Hadzio ähnlich allgemein aus: »Wenn ich so etwas als stellvertretender Polizeikommandant hören sollte, würde ich alle gesetzlichen Maßnahmen gegen solche Leute anwenden, ohne Rücksicht darauf, ob sie zur Armee gehören oder Zivilisten sind. Unsere Pflicht ist es, einzuschreiten, egal, welcher Nationalität Menschen angehören. Wir würden reagieren.«

Er bietet auch an, die Bücher mit allen Eintragungen seit Beginn des Krieges nachzuschlagen. Ob er sich auch mit der Militärpolizei anlegen würde, bleibt fraglich. Denn trotz gegenteiliger offizieller Beteuerungen ist das Verhältnis zwischen zivilen und Armeepolizisten mehr als gespannt.

Beispiel 2
In der ehemaligen Fakultät für Bauwesen der Universität von Sarajevo sollen hundert serbische Frauen gefangengehalten werden. Leiter des Bordells dort soll der international bekannte Ex-Basketball-Profi Mirsa Delibašić sein, so die anonymen Beschuldigungen. Zu dem Gebäude vorzudringen ist zu gefährlich. Die Fakultät liegt direkt an vorderster Frontlinie. Kein bosnischer Fahrer würde dorthin fahren. Doch nach einigen Mühen gelingt es, Mirsa Delibašić ausfindig zu machen. Mit seiner Familie lebt er zur Zeit bei Freunden im einzigen noch unversehrten Restaurant Sarajevos. Von unserem Besuch ist er sehr überrascht. Als er von der Beschuldigung hört, als Leiter eines Bordells zu fungieren, ist er empört. Erst nach längerem Zögern entschließt er sich zu antworten: »Dazu habe ich eigentlich keinen Kommentar. Ich will da gar nichts dazu sagen. Sie können sich selbst überzeugen, ich sitze hier mit Frau und Kind. Wir versuchen alle zu überleben.«

Beispiel 3
Im Sportzentrum *Zetra* sollen sich dreißig Frauen befinden. Einheimische zeigen sich von vorneherein erstaunt. Dort, unter der ehemaligen Olympischen Eishalle, seien doch die Ärzte, die französischen Ärzte. Vor Ort stellt es sich heraus: Dort, wo dem anonymen Brief zufolge ein Bordell sein sollte, befindet sich das Materiallager der Hilfsorganisation *Médecins sans frontières*. Von den Ärzten und Pflegern ist niemand

da. In verschiedenen Hospitälern Sarajevos gehen sie ihrer Arbeit nach. Bei einer Besichtigung auf eigene Faust finden sich nur verschiedene Keller, voll mit Medikamentenkisten. Am darauffolgenden Abend dann ein Telefonat mit Sǎśa Bratić, Pharmazeut bei den *Médecins sans frontières*. Auf die Fragen nach gefangenen serbischen Frauen in Zetra sagt er kurz und bündig: »Ich bin sicher – ich arbeite jeden Tag da draußen –, daß diese Geschichte nicht wahr ist. Ich habe bisher keine einzige Gefangene in Zetra gesehen.« Bratićs Vater ist Moslem, seine Mutter Serbin. Er selbst ist mit einer Serbin verheiratet.

Fazit: Das Leid der vergewaltigten Musliminnen und Kroatinnen kann nicht ganz davon ablenken, daß auch serbischen Frauen Leid und Unrecht angetan wird: Zum einen in den Dörfern und Städten, in denen sich bosnische und kroatische Truppen und Zivilverbände gegen die serbischen Angriffe wehren und wo sich der Haß und die Wut gegen verbliebene serbische Minderheiten richtet, und zum anderen zu Hause, von den eigenen Männern, Vätern und Söhnen, zurückgekehrt von der Front, voll beladen mit allen schrecklichen Erlebnissen und Grausamkeiten, gewöhnt an Brutalität und Terror. Darum bedürfen auch Serbinnen in und nach diesem Krieg der Hilfe und Unterstützung.

8

Über Frauen und Solidarität

Die Frauentreffen von Zagreb und Amsterdam

Es hätte alles so wunderbar werden können. Es hätte ein echter Beweis dafür sein können, daß Frauen über alle Parteien und Konfessionen, über alle Landesgrenzen und Sprachbarrieren hinweg sich einig zu sein vermögen in ihrer Empörung über die Massenvergewaltigungen an den Frauen im Krieg auf dem Balkan. Es hätte...

Aber schon das Vorbereitungstreffen für das sogenannte *Frauentribunal* in Zagreb Anfang Februar 1993 beginnt mit einem handfesten Krach. Er bringt jedoch Lea Rosh, die Initiatorin und NDR-Funkhauschefin in Hannover, dennoch nicht von ihrer Idee ab, Hunderte von Frauen aus sechzehn europäischen Ländern und aus den Vereinigten Staaten zusammenzubringen, um den Frauen auf dem Balkan zu helfen. Wie ein Schneeball sollte sich der Gedanke in ganz Europa ausbreiten, vorangetrieben von Ministerinnen und Abgeordneten aller Parteien. Doch bereits das Wort »Tribunal« erregt die Gemüter. Wer, bitte, sollte denn in Zagreb angeklagt werden, fragen sich die Frauengruppen in der kroatischen Hauptstadt. Ihre eigene Regierung? Oder doch die Serben? Wie wollen die deutschen Frauen denn hier diskutieren, wenn den serbischen Frauen aus Belgrad die Einreise nach Kroatien bekanntermaßen gar nicht möglich ist?

Flugs wechseln die Veranstalter, die »Berliner Perspektive«, die Etiketten: aus Tribunal wird Solidarität. Aber das Kind liegt nun mal im Brunnen, der Ärger ist vorprogrammiert. Im Funkhaus Hannover beim Vorbereitungstreffen zeichnet sich ab, was im großen auf dem Balkan Wirklichkeit ist: feindliche Lager, die sich nicht mehr zuhören, die sich hassen, verachten und nur noch das Schlimmste wünschen. Serbinnen, die nicht glauben wollen, was ihre Männer, Väter und Söhne in diesem Krieg anderen Frauen antun, Kroatinnen, die aus diesem Grunde mit keiner Serbin in einem Raum sein möchten. Bosnierinnen, die vor Verzweiflung über dieses grausame Geschehen nur noch schluchzen, schluchzen, schluchzen... Haß, Angst, Gewalt sind allgegenwärtig zwischen allen Volksgruppen, auch mitten in Deutschland.
In ihrer Ohnmacht unterzeichnen alle Frauengruppen aus Zagreb ein Fax an Veranstalterinnen und wichtige Politikerinnen. Die Ortswahl Zagreb könne als die Bevorzugung einer Kriegspartei interpretiert werden. Sie fürchten, daß ein reines Medienspektakel mit einem »Verkauf von Greueltaten« den Opfern nichts bringt, daß wegen der Kommunalwahlen im Lande Politikerinnen und Journalistinnen den Kongreß mißbrauchen könnten, um auf diesem Umweg doch noch in den Medien aufzutreten – was sonst verboten ist. Aber all diese Argumente verklingen ungehört, es »sei auch zu spät, die Frauensolidarität Zagreb noch zu stoppen«.
Zwei Wochen später, in Zagreb. Sechshundert Frauen aus ganz Europa sind immerhin zu diesem Treffen angereist. Politikerinnen und Künstlerinnen, unter ihnen die österreichische Frauenministerin Johanna Dohnal, die deutschen Politikerinnen Hanna-Renate Laurien und Jutta Limbach, die evangelische Bischöfin Maria Jepsen, Denise Fuchs aus Frankreich. Auf dem Podium in der Lisinski-Halle sitzen nach harten Auseinandersetzungen auch eine Kroatin und

eine Bosnierin. Das hatten die beiden Frauen bei der Tagungsleitung durchgesetzt. Die Kroatin formuliert in ihrer Rede diplomatisch, aber deutlich noch einmal ihre Irritation: »In meiner Heimat ist es üblich, daß die Gastgeber die Gäste begrüßen. Das ist uns heute hier in Zagreb nicht gewährt.« Daß neben der Bosnierin und der Kroatin dann auch noch eine Serbin zu Wort kommt, fädelt eine für Ungarn sprechende Feministin ein: Sie überläßt ihre Redezeit einfach der US-amerikanischen Serbin, so daß tatsächlich alle vom Krieg betroffenen Nationen reden können. Wenn trotzdem viele Kroatinnen immer wieder empört den Tagungssaal verlassen, wirft das ein weiteres Schlaglicht auf diesen fürchterlichen Krieg. Dabei gesteht die Serbin ein, »daß die Frauen in Serbien jetzt verstehen, daß die ethnischen Säuberungen tatsächlich Ziel der Politik Miloševićs sind. Und daß viele von uns angesichts dieser Verbrechen große Schuldgefühle haben.«

Immer wieder erregen sich die Frauen in Zagreb über die Frage, was denn mit den Tätern geschehen solle. Sie sind sich einig, daß jetzt endlich ein internationaler Strafgerichtshof her muß. Denn die vier Genfer Rotkreuz-Konventionen mit den Schutzvorschriften für die Zivilbevölkerung seien »ein stumpfes Schwert«. Formuliert nach den beiden Weltkriegen, habe bisher noch nie jemand in der Welt die permanenten Übertretungen geahndet.

Hilfe für die Opfer, Bestrafung der Täter – schön und gut, argumentieren die Bosnierinnen und Kroatinnen. Aber sie verzweifeln auch darüber. Denn hier, so sagen sie, wird der zweite Schritt vor dem ersten getan. Humanitäre Hilfe kann immer nur die Folgen des Krieges lindern. Die Hauptursache, den Krieg selbst, den könnte sie nicht stoppen. »Beendet den Krieg, öffnet die Konzentrationslager, rettet die Frauen – jetzt. Morgen kann es schon zu spät sein.«

Das aber, mußten die sechshundert Frauen einräumen, stünde nicht in ihrer Macht. Also ein sinnloses Treffen, ein »Außer-Spesen-nichts-gewesen«? Nur kluge Gedanken und scharfsinnige Überlegungen, oft Zorn, wütende Verzweiflung und helle Empörung? Nein, nicht nur. Es wurde in der ganzen Welt darüber geschrieben, geredet. Und irgendwo beginnt sich auch ein Netzwerk zu knüpfen, sicherlich noch mit vielen Löchern und farbigen Ausrissen. Ein Netzwerk aber, das dann hoffentlich greift, wenn Frieden einkehrt auf dem Balkan, wenn andere Schlagzeilen das Schicksal der Frauen dort aus der Tagesaktualität verdrängen. Dann ist langer Atem und Hartnäckigkeit der Frauen aller Parteien und aller Gruppierungen gefordert, um zu helfen und international Rechte für alle betroffenen Frauen durchzusetzen.

Nur vier Wochen nach der Zagreber *Frauensolidarität* treffen sich fünftausend Teilnehmerinnen zum *Internationalen Frauentag* in Amsterdam. Auch sie alle wollen den Frauen auf dem Balkan helfen, sie unterstützen und politisch das Thema weiterbewegen. Die Demonstration in der Altstadt jedoch erweist sich als deutlich serbisch dominiert. Kroatinnen tauchen darum gar keine auf. Es dauert Stunden, bis die Gereiztheiten unter den Frauen abklingen – für die gemeinsame Sache. Alle erklären, daß sie politische, beratende und ökonomische Hilfe brauchen, um überhaupt ihre Arbeit zu tun. Daß die Telefone nicht funktionieren zwischen Bosnien-Herzegowina und Kroatien, Slowenien oder auch Serbien, ist ein weiterer Hindernisgrund. So entstehen überall kleine Zentren für traumatisierte Frauen, alle helfen, so gut es eben geht. Einig sind sich dann alle Frauen bei der Forderung an die UNO: Dort soll die soeben eingerichtete, ausschließlich von Männern besetzte »Kommission zur Untersuchung sexueller Gewalt im ehemaligen Jugoslawien« sofort aufgelöst werden. Diese Besetzung sei »beleidigend und unakzeptabel«. Wie wahr. Aber allein schon die Tatsache, daß eine UNO-Kommission mit diesem Ziel und Titel ausschließlich von Männern besetzt wird, zeigt, daß Vergewaltigung bei den Männern immer noch nicht die Dimension einnimmt, mit der sich Frauen dann oft ihr ganzes Leben lang auseinandersetzen müssen: dem schwersten Trauma, das einer Frau zugefügt werden kann.

9

Von oft hilflosen Helferinnen

Die Spenden und die Überlastung der Hilfsorganisationen

Anflug auf Zagreb. Unter mir unzählige rote Ziegelhäuser, bei denen anscheinend der Anstrich vergessen wurde. Erst später höre ich, daß diese Häuser gerade erst jetzt nach dem Krieg in Kroatien neu gebaut wurden und daß weiße Farbe Mangelware sei. Am Flughafen stapeln sich in einer Ecke die riesigen Paletten mit Hilfsgütern für den Flug nach Sarajevo. Wenn wieder geflogen werden darf...

Ich bin froh und auch aufgeregt, denn auf dem Hilfsfonds »Vergewaltigte Frauen«, der nach der *ML-Mona-Lisa*-Sendung schon eine Woche später ins Leben gerufen worden war, hat sich inzwischen fast eine Million Mark angesammelt. Solch eine umwerfende Spendenbereitschaft hat es seit der Rußlandhilfe von ZDF und *Stern* nie mehr gegeben. Eine kleine Hürde galt es damals noch zu nehmen: weil es in Deutschland normalerweise drei Monate dauert, bis ein Konto als gemeinnützig anerkannt ist, sind wir, die drei Initiatorinnen – Dr. Herta Däubler-Gmelin (stellvertretende SPD-Fraktionsvorsitzende im Bundestag), Uta Wüfel (frauenpolitische Sprecherin der F.D.P.) und ich – sehr froh über die schnelle und unbürokratische Hilfe der Arbeiterwohlfahrt. Sie richtet das Konto ein und übernimmt auch die ganze mühselige Verwaltungsarbeit, inklusive Versand der Spendenquittungen. Daß uns diese »Verwaltungsadresse« später bei den Frauen der CDU/CSU vorgehalten wird, kann ich damals noch nicht ahnen. Die Arbeiterwohlfahrt sei zu sehr der SPD verbunden, darum können die Frauen der Parteien mit dem C nicht mitmachen.

Aber in Zagreb sind die Querelen schnell vergessen. Herzlich empfangen uns die Kroatinnen. Allesamt sehen sie schick und gepflegt aus, mit Lippenstift und Rouge. Wir kommen uns dagegen richtig blaß vor. Daß es für sie überlebensnotwendig ist, mit solchen Äußerlichkeiten Disziplin zu wahren, wird mir erst später bewußt. Noch stelle ich es mir einfach vor, das Geld sinnvoll genau dort zu geben, wo es betroffenen Frauen und ihren Helferinnen zugute kommt. Im Büro der *Humanitären Hilfe Deutschland* höre ich zwar voller Entsetzen, daß »Vergewaltigung an bosnischen Frauen derzeit wohl in Deutschland ein schickes Thema sei«. Sie versuchten daher, immer den ganzen Familien zu helfen. Denn auch Männer seien von Vergewaltigungen betroffen. Das ist etwas, was ich damals noch überhaupt nicht glauben kann. Erst später erzählt ein Hörfunkkollege, daß die Serben auch die muslimischen Männer zu Fellatio und Analverkehr und oft auch zur Vergewaltigung der Schwestern und Mütter – immer vor Augen der anderen Dorfbewohner – gezwungen haben. Mit der Pistole an der Schläfe oder einem Messer an der Kehle.

Aber zurück zur Recherche: wohin mit dem Spendengeld, wer braucht es am nötigsten und vor allem: welches Projekt ist sinnvoll zu unterstützen. Da hilft nur, genau zuzuhören und bei der Hilfsarbeit dabeizusein. So sitzen wir an einem Abend bei der Ärztin und Psychologin Dr. Narcisa Sarajlić in ihrer kleinen Wohnung im Zentrum Zagrebs. Sie ist müde, ein wenig durcheinander. Aber dann erzählt sie von ihrer Tätigkeit in den Flüchtlingslagern. Der kroatische Staat hat immerhin mit seinen fast fünf Millionen Einwohnern siebenhun-

derttausend Flüchtlinge aufgenommen. Zu neunzig Prozent sind es Frauen und Kinder, die Männer kämpfen an den Fronten. Diese Flüchtlinge leben in zwölf legalen und illegalen Lagern, die von den Hilfsorganisationen versorgt werden. Anfang des Jahres 1993 begann die kroatische Regierung, viele dieser Lager rund um die Hauptstadt aufzulösen und die Flüchtlinge weiter hinaus auf das Land in leerstehende Kasernen oder auch Hüttendörfer der *Humanitären Hilfe* zu verlegen.
Diese Verlegung aus oft furchtbar beengten Verhältnissen in feste Gebäude bringt aber für die Helferinnen und Helfer und für die Flüchtlinge auch Nachteile. Die Frauenorganisationen sitzen nämlich allesamt in Zagreb und haben wenig oder gar kein Geld zur Verfügung, arbeiten überwiegend ohne Honorar und auf freiwilliger Basis. Sie müssen jetzt stundenlang mit oft sehr klapprigen Autos oder Bussen in die neuen Flüchtlingslager fahren, um weiterhin den Kontakt mit den Frauen und Kindern zu halten und um zu helfen. Dr. Narcisa Sarajlić fährt jetzt dreimal die Woche eineinhalb Autostunden von Zagreb nach Varaždin. Dorthin sind achthundert Flüchtlinge aus dem Zagreber Lager Resnik verlegt worden. Mit einer halben Million Mark von deutschen Spendengeldern wurde aus der alten Kaserne ohne Heizung und mit zerschlagenen Fenstern eine bewohnbare Anlage mit einem Gemeinschaftsraum, in dem die Ärztin Gesprächstherapie-Stunden abhält. Am Anfang spricht sie gemeinsam mit Männern und Frauen, um die Frauen nicht zu stigmatisieren und zu isolieren. Später dann, wenn sie die einzelnen besser kennt und einzuschätzen weiß, spricht sie auch mit einigen allein. Sie kann gut zuhören, das spüren auch die anderen der Gruppe, bei der ich dabeisein darf. Später spricht mich Dr. Sarajlić auf die Frau in der gelben Bluse an. Ob ich den Riß im Ohrläppchen gesehen hätte. Die Soldaten haben ihr einfach die Ohrringe herausgerissen.

Die Ärztin fährt nicht alleine nach Varazdin. Ihr Mann, pensionierter Arzt und bosnischer Muslime, begleitet sie. Oft sitzt er mit Kriegsversehrten auf einem zerfallenen Mäuerchen, redet über das Wetter und die aufspringenden Knospen am gegenüberliegenden Baum. Vom Krieg sprechen sie fast nie, auch nicht darüber, was den Frauen und Kindern in den Dörfern und den Männern in den Lagern passiert ist.

Im Lager erfahre ich, daß ihnen allen oft ganz simple Dinge fehlen, wenn sie hier nachts nach einer oft wochenlangen Flucht ankommen. Immer noch Woche für Woche kommen die Busse an, aus Bosnien-Herzegowina und von Serben besetzten kroatischen Gebieten, obwohl die kroatische Regierung offiziell für Bosnier die Grenzen geschlossen hält. Aber immer wieder erzählen Männer und Frauen unter Tränen, daß sie es mit den letzten Schmuckstücken, dem letzten Geld und ihrer Unterschrift unter das Papier, mit dem sie Immobilien den Serben überlassen, doch noch geschafft hätten, in einen Bus und damit in ein Flüchtlingslager zu kommen. Aber sie kommen eben ohne Kleidung zum Wechseln und ohne die Dinge für die tägliche Hygiene hier an. In Varazdin erzählt mir der kroatische Leiter des Lagers, daß den Frauen und Kindern zum Beispiel die Unterwäsche fehle. Deshalb trauen sie sich auch nicht, zu einem Arzt zu gehen. Seife, Haarshampoo, Lippenpomade, Zahnpasta und Zahnbürsten, Desinfektionsmittel für Wasser, eine Taschenlampe, Verbandsmaterial und Aspirin – das wären so die ersten Sachen zum Weiterleben. Altkleider von den Hilfsorganisationen hätten sie genug. Und immer neue kommen, zusammen mit einem sogenannten »Lager-Tourismus«: Ich habe zwei holländische Ehepaare mit Kameras beobachtet, die für das private Fotoalbum zu Hause das Elend und die Trostlosigkeit des winterlichen Lagers dokumentieren. Hinterher erzählten sie mir nicht ohne Stolz, daß sie einen

großen Lkw mit Hilfsgütern aus Amsterdam hierher gebracht hätten. Sie waren nicht die einzigen.
Ein weiteres schlimmes Kapitel in diesem Krieg und seinen Auswirkungen auf die Menschen: In den Zagreber Kliniken steigt die Geburtenrate seit dem ersten serbischen Feuer auf Sarajevo am 7. April 1992 bis zum Frühjahr 1993 um dreißig Prozent an. In manchen Kliniken kommen zweiundfünfzig Prozent mehr Babys zur Welt als vorher. Wie es in Sarajevo oder Tuzla, in Zenica oder Banja Luka aussieht, ist nicht bekannt. Die Verweildauer für die Mütter mußten die Ärzte zumindest in Zagreb von vier Tagen auf zwei senken, weil sie sonst überhaupt nicht mehr dem Ansturm gerecht geworden wären. Es fehlt in den Kliniken an Personal, Betten und Medikamenten. Daß die meisten Frauen den Ärzten gegenüber nicht über Vergewaltigungen sprechen, ist verständlich. Aber viele geben ihre Babys zur Adoption frei, wollen sie nach der Geburt überhaupt nicht ansehen. Die katholische *Caritas* kümmert sich um einige, aber auch schon ausländische Babyhändler stehen parat. Nur haben sie – so die kroatische Regierung – keine Chancen, die Kinder ins Ausland zu vermitteln. Denn gerade nach diesem Krieg und seinen Hunderttausenden von Opfern bräuchte das Land seine Kinder... Für den nächsten Krieg? Als – so hat es der Oman ja im November 1992 formuliert – Exekutoren ihrer Väter? Wann, so fragen sich die Frauen, kehrt dann Frieden ein?
Aber zurück zu den vielen Frauengruppen, die in Zagreb zu helfen versuchen. Daß sich nicht alle heiß lieben, ist verständlich und auf der ganzen Welt so. Das hat nichts mit fehlender Frauensolidarität zu tun. Auch wir Frauen aus Deutschland mußten das erst einmal verstehen. Wenn aber diese wichtige Hilfsarbeit gar zu sehr in die politischen Ecken links oder rechts gerückt wird, macht das auch liberalste Helferinnen ärgerlich. Um so wichtiger und notwendiger erscheint es

darum, über alle Parteien und Gruppierungen hinweg den Frauen unter die Arme zu greifen. Ein Beispiel dafür ist die Arbeit der Essener Frauenärztin Dr. Monica Hauser in Zenica in einem gynäkologischen Zentrum. Aber auch in Tuzla und Sarajevo, in Belgrad und Ljubljana richten sich Frauennotrufe ein und versuchen, vierundzwanzig Stunden für Frauen in Not dazusein.

Alle Frauen, die in Zagreb und den anderen Städten mit den Flüchtlingsfrauen Kontakt haben, bestätigen, daß niemand die Frauen in vergewaltigte und nichtvergewaltigte einteilen kann. All diesen Frauen wurde in den Kriegsgebieten Gewalt angetan, auf unterschiedliche Weise. Wenn sich die Zahlen von fünfzigtausend vergewaltigten Frauen bestätigen, die Vertreter der bosnischen Regierung für die untere Grenze halten, dann wurde jeder zehnten Frau des bosnischen Volkes sexuelle Gewalt angetan. Alle aber, so ist mein Eindruck nach Besuchen in den Lagern, scheinen schwer traumatisiert. Sie versuchen zu vergessen, versuchen »nicht daran zu denken«, es nicht bekanntwerden zu lassen, sofern sie nicht schwanger sind. In den Fällen, in denen die Vergewaltigungen vor den Augen der Angehörigen geschehen sind, wird es den Frauen ganz besonders schwer, damit umzugehen. Hier steigt die Selbstmordrate bedrohlich an. Das bestätigen alle Frauenorganisationen vor Ort. Zahlen aber sind auch dazu nicht zu ermitteln. Über allem liegt immer noch ein Mantel des Schweigens.

Asja und Zorica von der Zagreber Frauengruppe *Kareta* und Nina Kadić von *Trešnjevka* waren ja die ersten, die mit ihrem Wissen um die Vergewaltigungen an den bosnischen Musliminnen an die Öffentlichkeit traten. Auch heute noch stehen sie quasi »an vorderster Front«: im Kontakt mit den Frauen in den Lagern. Dabei geht ihnen manchmal selbst »die Luft« aus, sie leben von der Hand in den Mund, wissen oft nicht, wie sie den Bus oder das Benzin für den Benzinschlucker »Diesel« kaufen sollen, den ihnen eine Freiburger Frauengruppe geschenkt hat. Hier, darüber sind sich die Verantwortlichen des Hilfsfonds auch klar, muß kontinuierlich geholfen werden. Mit einem Monatsgehalt von umgerechnet 300 Mark ist schon viel bewirkt und zumindest für wirtschaftliche Sicherheit gesorgt. Auch die Bezahlung der relativ hohen Mieten in Zagreb – eintausend Mark für zwei Zimmer pro Monat – durch ausländische Hilfsorganisationen sichert die Arbeit der Frauen ab. Wo aber können sie abladen, sich ausreden, das ganze Grauen, das sie von den Frauen erfahren, weiterverarbeiten? Auch hier sollte den Helferinnen langfristig mit Therapeutinnen und fachlicher Unterstützung geholfen werden. So wird es in den kommenden zwei Jahren Fortbildung und Kurse für die Helferinnen an der Basis geben – ebenfalls finanziert vom Hilfsfonds, aber nicht nur von diesem. Auch aus Österreich fließen Gelder, deutsche Ministerinnen haben in einem *Ministerinnen-Fonds* über eine Million Mark gesammelt und zum Teil *Cap Anamur* übergeben. Eine Heidelberger Fraueninitiative unterstützt ein Rehabilitationshaus in Split. Geld wird auch benötigt, um eine Dokumentation über verschwundene Frauen zu erstellen. Die *Kareta*-Frauen bereiten mit Hilfe einer US-Rechtsanwältin Klagen für ein internationales Gerichtsverfahren vor. Dazu müssen die Frauen, die dort aussagen, geschützt werden mit einer neuen Identität, also anderen Namen und neuen Wohnorten, damit sie ungefährdet die Zeit der Vorbereitung und Durchführung der Prozesse überleben können.

Dennoch: Die Helferinnen vor Ort in den Lagern, die spendenfreudigen Frauen in Europa und auch die Organisatorinnen – sie alle fühlen sich zuweilen sehr hilflos, weil sie an dem Hauptübel, dem Krieg, nichts ändern können. Mal wieder bleiben Frauen Opfer und Helfer, nicht mehr und nicht weniger.

10

Der zweite Schock nach den Vergewaltigungen der Frauen

Auch Männer wurden in diesem Krieg vergewaltigt, kastriert und sexuell gefoltert

Bis zu diesem Krieg auf dem Balkan hätte ich Stein und Bein geschworen, daß man einen Mann nicht vergewaltigen kann. Schließlich bedarf es doch zu diesem Akt eines steifen Gliedes, was – so glaubte ich – nie gegen den Willen des Mannes erigiert und schon gar nicht unter Streß, Druck oder gar Gewalt und Nötigung.

Aber dieser Krieg auf dem Balkan zeigt uns die perfidesten, bösesten Seiten des Menschen. Ein Jahr hat es gedauert, bis die Welt begriffen hat, daß die systematische Vergewaltigung der Frauen eine Kriegswaffe ist. Jetzt allmählich muß die Welt nach diesem Schock erkennen, daß auch die muslimischen Männer vergewaltigt wurden: kastriert, gefoltert, geschändet bis zur Zeugungsunfähigkeit. Ein Attentat auf die letzte Festung des bisher Unantastbaren: der entmännlichte Mann, entwürdigt, zeugungsunfähig. Für die geflüchteten Bosnier in Zagreb ist das der endgültige Beweis, daß hier die Serben ein Volk psychisch und physisch auslöschen wollen, das Volk der Muslime.

Im Magazin *Focus* berichtet im April 1993 der sechsunddreißigjährige Kaufmann Nikola Cibarić, wie ihn die Tschetniks an seinen Genitalien verstümmelt haben. Er will alles erzählen, sagt er, alles, was ihm nach dem 18. November 1991 widerfuhr. Vier Tage vorher hatten sie schon seine Eltern festgenommen, von ihnen hat er seitdem nichts mehr gehört. Dann haben »sie« ihn abgeholt. Albanisch sprechende Tschetniks haben ihn nackt ausgezogen, gefesselt und mit dem Rasiermesser die Haut zwischen den Schenkeln aufgeschnitten. Eine riesige Wunde – da unten. Die Hoden sind aus der Haut hervorgesprungen. Dabei wurde er immer geschlagen und beschimpft. Sein Kiefer brach.

Längst weiß man in der Medizin, daß ein Mann unfruchtbar wird, wenn ein Ödem auf den männlichen Genitalien länger als vierundzwanzig Stunden nicht behandelt wird. Viele männliche Zeugen erzählen aber jetzt nach der Flucht nicht nur von permanenten Schlägen auf Penis und Hoden, sondern auch von stundenlangen Bestrahlungen ihres Unterleibes. Das war sicherlich weniger schmerzhaft – aber in der Wirkung gleich. Auch hier produzieren die Hoden später keine Samen mehr.

Wie auch die vergewaltigten Frauen, so hüllen sich diese derart malträtierten Männer in Schweigen, auch ihre Gesichter sind wächsern, fast durchscheinend. In Karlovac, einem der größten Flüchtlingslager des UNHCR, erzählen sie nur noch guten Bekannten ihre Geschichte – oft auch vor den eigenen Kindern. Die scheinen das alles schon mehrfach gehört zu haben, reagieren überhaupt nicht mehr, sitzen mit stoischen Gesichtern vor ihren Vätern. »Sie haben sich auf einen Gefangenen geworfen, einen Stacheldraht an seinem Geschlechtsorgan befestigt. Er wurde dann wie ein Hund an ein Motorrad gebunden. Bis zur vollständigen Verstümmelung. Er ist tot.« Oder: »Zwei Brüder, dreiundzwanzig Jahre und achtundzwanzig Jahre alt. Früher waren sie reich gewesen in unserem Dorf, sie hatten sogar Autos. Die Soldaten haben sie gezwungen, sich die Hoden mit den Zähnen abzubeißen. Anderen wurden die Zungen herausgerissen, bevor man sie endgültig tötete. Uns alle haben sie ständig geschlagen, wobei sie sich ablösten, wenn sie keine Kraft mehr hatten.«

Der Psychiater Mladen Lončar versucht im Lager anderen Männern zu helfen, ihnen zur Seite zu stehen. In Slawonien hatte er sein Medizinstudium beendet, jetzt will er Dokumente, Erklärungen und Zeugnisse von Opfern und Augenzeugen sammeln. Er erklärt die drei Gruppen der sexuellen Folterungen an Männern: »Da sind die Männer, die klassische Vergewaltigungen des homosexuellen Typs erlitten, immer als sogenannte passive Beteiligte. Die zweite Gruppe wurde unter Todesandrohungen gezwungen, sexuelle Akte wie die Fellatio auszuführen. War das Glied erigiert, wurden sie zum Verkehr mit ihren Müttern oder Schwestern gezwungen. Wie die vergewaltigten Frauen auch immer vor den Augen der anderen. Dann gab es die Gruppe der kastrierten, von der klassischen Kastration bis zur halben Kastration oder der funktionell genannten Kastration, das heißt ohne Verstümmelung, aber mit nicht wiedergutzumachenden Konsequenzen für den so unfruchtbar gewordenen Patienten.«

Opfer und Augenzeugen berichten einstimmig, daß vor allem serbische Frauen mit der Kastrierung beauftragt worden waren: Sie schnitten mit Rasierklingen die männlichen Organe ab, während sonst die Greueltaten nach der Besetzung der Dörfer und der Bombardierung durch die Streitkräfte des ehemaligen Jugoslawien den paramilitärischen Gruppen überlassen wurden, also den Truppen des Arkan oder den Tschetniks oder ehemaligen Agenten des KOS, des Abwehrdienstes der früheren jugoslawischen Polizei. Die Orte des Schreckens: die Lager von Omarska, Bezcec und Manjaća.

Wie die vergewaltigten Frauen werden auch die meisten der vergewaltigten Männer später nicht reden. Sie werden versuchen, das schreckliche Geschehen zu vergessen, wenn sie noch in irgendeiner Form Mann geblieben sind. Wenn nicht, dann

bleiben auch diese Menschen bis ins Innerste zerstört, unfähig für ein normales Männerleben. Ihnen bleibt nur noch das Dahinvegetieren, denn diese Form der Entmännlichung ist nicht mehr zu verdrängen oder gar zu verheimlichen. Daß Menschen solcher Taten fähig sind, beweist in diesem Krieg auf dem Balkan jetzt endgültig, daß es sich bei dieser Kriegsstrategie um die perfideste Form von Völkermord handelt.
Der zweiunddreißigjährige Adil war Automechaniker, bevor der Krieg begann. Die Tschetniks haben ihn nach Omarska geschleppt. Überlebt habe er nur, da ist er heute im Flüchtlingslager ganz sicher, weil er nicht geraucht und immer an seine Kinder gedacht habe. Sie hätten versucht, ihn zu brechen. Aber man sollte nur seine Frau fragen, ob er noch ein Mann sei. Er werde noch zwei Kinder machen, wenn er wieder mit ihr vereint ist. Wenn – vom Ende des Krieges spricht keiner der Männer in Karlovac.

11

Zum Schluß

Wie werden die geschändeten Menschen weiterleben können, und wer stellt schließlich die Täter vor Gericht?

Srebrenica, Tuzla und immer wieder Sarajevo. Auch im Frühjahr des Jahres 1993 tobt der Krieg grausam weiter auf dem Balkan. Die drei Städte sind nur symptomatisch für die unverändert erbitterten Kämpfe. Inzwischen haben sich die Kroaten wieder eingeschaltet, um Korridore zu ihren Gebieten freizuhalten, notfalls auch auf dem Rücken der Muslime, die, vertrieben von den Serben, in einem ehemals kroatischen Dorf als Flüchtlinge hausen. Von Vergewaltigungslagern spricht um diese Zeit niemand mehr, vielleicht auch, weil kaum mehr Flüchtlinge aus den Kriegsgebieten fliehen können, weil Kroatien jetzt endgültig die Grenzen zugemacht hat. Dabei hoffen die rund siebenhunderttausend Flüchtlinge in den Lagern rund um Zagreb verzweifelt auf Nachrichten ihrer Angehörigen. Aber auch diese Informationen kommen nur stockend.

Inzwischen arbeiten die Hilfsorganisationen und die Frauengruppen rund um die Uhr. Immer noch kennt keiner das tatsächliche Ausmaß allen Leides in diesem Krieg. Immer noch schwanken die Zahlen der Vergewaltigungsopfer zwischen zwanzigtausend und fünfzigtausend. Inzwischen aber streiten die Politiker nicht mehr ab, daß vergewaltigt wurde. Der kroatische Präsident Franjo Tudjman beugte sich dem deutschen Kanzler Kohl und versprach, sich sofort und vordringlich um die vergewaltigten Frauen zu kümmern. Daraufhin wurde eine Kommission eingesetzt, um als erstes diese Frauen zu registrieren... Dieser Versuch kann jedoch nur schiefgehen, weil keine vergewaltigte Frau ohne Not (zum Beispiel bei einer Schwangerschaft) über ihre Schändung spricht. Stritten die serbischen Kriegsführer bisher jede Vergewaltigung durch ihre Soldaten rundweg ab, räumen sogar sie inzwischen ein, daß sie nicht jeden serbischen Soldaten »kontrollieren« könnten und daß es schließlich auf beiden Seiten sexuellen Mißbrauch gäbe. Seitdem sendet das Belgrader Fernsehen immer wieder Aussagen vergewaltigter Frauen – Serbinnen, die von Muslimen und Kroaten zum Geschlechtsverkehr gezwungen worden seien.

Sollte dieser Krieg zu Ende gehen, bleiben zweihundertfünfzigtausend Tote, 1,5 Millionen Flüchtlinge und Zigtausende von Gewaltopfern als Bilanz. Wie kann den Verbliebenen eine Zukunft gesichert werden, eine menschenwürdige Zukunft, die über Wohnung, Essen und Wärme hinausgeht? Alle Fachleute bestätigen, daß Vergewaltigungen zu den schwersten Mißhandlungen an Menschen gehören, mit Folgen, die ein ganzes Leben lang nachwirken. Die psychischen Folgen machen die Betroffenen oft unfähig, noch als normale Menschen zu funktionieren, am normalen Leben teilzunehmen. Die religiösen Gemeinschaften erweisen sich in diesem Zusammenhang zusätzlich als bedrohend. Muslimische Männer können nur schwer anerkennen, daß ihre Ehefrauen mit anderen Männern Verkehr hatten, wenn auch gezwungenermaßen und unter abscheulichen Umständen. So ganz tief im patriarchalen Macho ist ja der Gedanke verborgen, daß sie es vielleicht doch gerne gemacht haben könnten. Kommt gar ein Kind zur Welt und der Mann erfährt davon, so hat dies unter Umständen schreckliche Folgen: Berichte über Morde an geschände-

ten Frauen erscheinen Kennern der muslimischen Dorfgesellschaft nicht abwegig!
PTSD – das ist die Abkürzung für die psychischen Folgen nach Vergewaltigungen. Die Psychiater sprechen von posttraumatischer Streßstörung. Wer wie und wie lange darunter leidet, das hängt vom Opfer selbst und von seinen früheren sexuellen Erfahrungen, auch von der religiösen Umgebung ab. Aber wie diese Dokumentation beweist, ist die Vergewaltigung der bosnischen Musliminnen stets mit vielen anderen Geschehnissen verbunden gewesen: mit schrecklichen Erlebnissen, schwersten Traumen. Die Therapeutinnen, die mit ihnen seit Anfang 1993 in den Flüchtlingslagern, aber auch in privaten Wohnungen arbeiten, erzählen einstimmig von den kaum zu bewältigenden Angstzuständen der Frauen und Mädchen, von innerer Unruhe, Schlafstörungen, Alpträumen, völliger Interesselosigkeit an der Umwelt und anderen Menschen, vom Verlust des Selbstvertrauens und von völliger Niedergeschlagenheit.
Viele Frauen, die in der festen dörflichen Struktur einer muslimischen Großfamilie aufgewachsen sind, wollen nicht mehr weiterleben, vor allem solche, die durch Vergewaltigung schwanger wurden. Aber über die Zahl der Selbstmorde in den Lagern herrscht Ungewißheit. Meistens stehen diesen Lagern ja die wenigen bosnischen Männer vor, die nicht in den Dörfern und an der Front kämpfen oder aus den serbischen Lagern fliehen konnten. Ihnen ist auf Grund ihrer Persönlichkeitsstruktur eine tote vergewaltigte Frau in der derzeitigen Situation wohl oft lieber als Tausende vergewaltigter überlebender Musliminnen. Manchmal aber, so berichten die Helferinnen, tritt eine vergewaltigte Frau nach einer Abtreibung auch aus ihrer Passivität heraus. Die Depression verwandelt sich in Aggression und in den starken Wunsch nach Rache an den Tätern.

In allen Büchern über Vergewaltigungsopfer beschreiben die Autoren einen unüberwindbaren Ekel der Frauen vor Sexualität. Für viele ist es nicht mehr möglich, überhaupt wieder mit einem Mann zu schlafen. So wird die vergewaltigte Frau aus Bosnien-Herzegowina ein zweites Mal zum Opfer. Dann, wenn ihr Mann aus dem Krieg zurückkommt und seine ehelichen Pflichten einfordert. Die meisten dieser Frauen – das zeichnet sich schon in den Lagern ab – werden ihren Ehemännern möglichst nichts von dem erzählen, was sie erleben mußten. Denn nach wie vor gingen Musliminnen vor dem Krieg unberührt und mit reiner Seele in die Ehe. Nur dem Ehemann durften sie ihren Körper zeigen. Eine außereheliche Beziehung war nicht denkbar. Musliminnen, die einen Mann anderen Glaubens heirateten, wurden von ihren Eltern verstoßen. Die Eltern sagten sich von ihrer Tochter los. Es bedeutete auch eine große Schmach, wenn eine Muslimin schwanger wurde und der Vater des Kindes sie nicht heiraten wollte. Eine größere Schande gab es nicht in dieser religiösen Gesellschaftsform. Sicherlich wandelte sich die Muslimin unter Tito vor allem in den Städten zu einer europäischen Frau. Aber die bosnischen Muslime haben trotz der Miniröcke ihrer Töchter, trotz Studiums und Arbeit nie ihre Traditionen vergessen. Immer noch achten sie das Gebot der Jungfräulichkeit. In vielen Dörfern hängte die Schwiegermutter nach der Hochzeitsnacht das Laken vor das Haus, damit jeder sehen konnte, daß die Braut noch Jungfrau war. Mit dem Ende Titos begann sogar eine Rückbesinnung auf die alten Werte. Für die Muslime galten vermehrt die moralischen Mahnungen, daß sie Würde und Ehre nur dann erhalten könnten, wenn sie die muslimischen Vorschriften achteten. Dann kam der Krieg – und mit ihm die Vergewaltigungen und der sexuelle Mißbrauch.

Was das für Musliminnen bedeutet, schildert Azra Zalihić-

Kaurin, eine bosnische Journalistin, in dem Buch *Krieg gegen die Frauen* mit der Geschichte von einer jungen Muslimin aus der Umgebung von Sjenica. Dieses Mädchen namens Emina verteidigte im Zweiten Weltkrieg mit der Waffe ihr Dorf vor den königstreuen serbischen Tschetniks. Sie konnte sie aber nicht aufhalten. Als sie ihnen in die Hände fiel, bat sie einen: »Laß mir meine Ehre, den Tod werde ich dir verzeihen.« Seitdem gilt Emina als vorbildliche Muslimin, der Ehre und Würde mehr wert war als ihr Leben. Vor dem jetzigen Krieg auf dem Balkan wollten die bosnischen Muslime einen Tag im Jahr zum »Tag der Emina« machen.

Während die vergewaltigten Männer ihre Vergewaltiger benennen, Rache fordern und versprechen, diese Namen nie zu vergessen, scheint das nur bei wenigen vergewaltigten Frauen so zu sein. Um so mehr bemühen sich die Zagreber Frauengruppen um eine Anklage der Täter, um eine Verurteilung vor einem internationalen Gerichtshof. Der wird auch immer wieder von Politikerinnen in allen Ländern gefordert. Ebenso wie die Ächtung von Vergewaltigung als Kriegsverbrechen. Helga Wullweber (Rechtsanwältin und Vorsitzende im Anwaltsverein) wundert sich darüber in der *taz* vom 25. März 1993:

»Es ist bemerkenswert und bezeichnend, daß die Ächtung von Vergewaltigungen im Krieg als Kriegsverbrechen öffentlich nicht bekannt war, obgleich mit dieser Ächtung nach 1945 die Konsequenz aus den den Frauen angetanen Vergewaltigungen im Zweiten Weltkrieg gezogen wurde.«

Sie argumentiert weiter, daß die systematischen, gezielt als Kriegstaktik eingesetzten Vergewaltigungen Kriegsverbrechen sind, weil sie schwere Verstöße gegen die Genfer Rotkreuzkonventionen und Zusatzprotokolle vom 12. August 1948 darstellen. Die systematischen Vergewaltigungen der muslimischen Frauen durch die serbischen Truppen sind außerdem strafbare Kriegsverbrechen auf Grund der Konvention über die Verhütung und Bestrafung des Völkermords von 1948.

Für die Opfer kommt – wenn sie überhaupt kommt – jede Ahndung zu spät. Wer auch stellt die Täter vor ein Gericht? Und vor welches? Darüber zerbrechen sich im Frühjahr 1993 die Fachleute die Köpfe. Immerhin sind Nina Kadić von *Trešnjevka* und Asja und Zorica von *Kareta* schon aktiv. Sie konnten die amerikanische Rechtsanwältin Cathrin McKinnen gewinnen, vergewaltigte Frauen vor einem US-Gerichtshof zu vertreten.

Nun sieht die Völkermord-Konvention vor, daß Personen, denen ein solches Vergehen zur Last gelegt wird, entweder vor ein Gericht des Staates, in dessen Gebiet die Handlung begangen wurde, oder vor das internationale Strafgericht gestellt werden. Serben werden jedoch in den inzwischen »ethnisch gesäuberten« Gebieten kaum serbische Soldaten vor Gericht stellen. Auch werden serbische Täter nicht vor ein internationales Strafgericht zitiert werden können – denn das gibt es noch gar nicht. Als Ausweg versucht seit Frühjahr 1993 die KSZE-Staatengemeinschaft, bestehend aus zweiundfünfzig Mitgliedsstaaten, einen »Ad-hoc-Strafgerichtshof« zur schnellen Verfolgung der Kriegsverbrechen auf dem Balkan zu installieren.

Das alles ist auf dem Wege, aber noch nicht realisiert. Was aber sicher zu sein scheint ist, daß allein schon die ausdrückliche Drohung, Kriegsverbrecher vor ein internationales Gericht zu stellen, die Serben unter Handlungsdruck gebracht hat. Denn seit Februar 1993 gab es keine Berichte mehr über Gewalttaten, Todesfälle oder Verletzte, bestätigte auch ein Sprecher des UN-Hochkommissariats für Flüchtlinge in Zagreb. So bleibt es wichtig, weiterhin in diesem Krieg international jegliche Gewalt gegen Zivilisten aufzudecken, zu dokumentieren und schließlich anzuprangern, um Kinder, Frauen und Männer vor Folter, Mord und Vergewaltigung zu schützen. Damit es nicht wahr wird, was Senad Avdic, Chefredakteur der bosnischen Zeitung *Slobodna Bosna*, prophezeit: »Es hat zu viele Verbrechen in Bosnien gegeben. Darum wird der Krieg noch lange dauern – ein sogenannter privater Krieg. Denn wir Muslime wollen nicht mehr Opfer sein.«